中国海参

产业标准化发展报告

王联珠　曹　荣　朱文嘉　主编

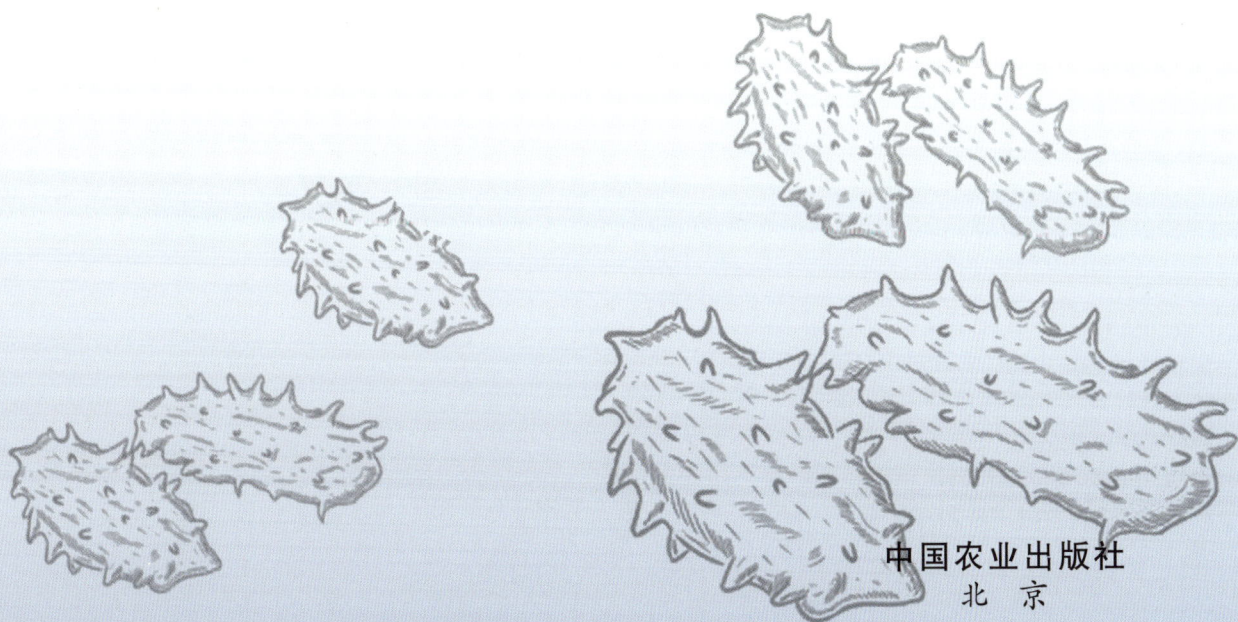

中国农业出版社
北京

图书在版编目（CIP）数据

中国海参产业标准化发展报告 / 王联珠，曹荣，朱
文嘉主编． -- 北京：中国农业出版社，2024. 6.
ISBN 978-7-109-32147-2

Ⅰ. F326. 43

中国国家版本馆CIP数据核字第2024SM7101号

中国海参产业标准化发展报告

ZHONGGUO HAISHEN CHANYE BIAOZHUNHUA FAZHAN BAOGAO

中国农业出版社出版

地址：北京市朝阳区麦子店街18号楼

邮编：100125

责任编辑：李雪琪　王金环　蔺雅婷

版式设计：书雅文化　　责任校对：吴丽婷

印刷：北京通州皇家印刷厂

版次：2024年6月第1版

印次：2024年6月北京第1次印刷

发行：新华书店北京发行所

开本：880mm×1230mm　1/16

印张：8.75

字数：168千字

定价：98.00元

编写委员会

主　编　王联珠　曹　荣　朱文嘉

副主编　刘　淇　吴岩强　李　娜　朱恒伟

参　编（按姓氏笔画排序）

　　　　王小娟　冯婷玉　刘奂辰　江艳华　李　彬　杨　敏

　　　　林　影　赵　玲　荣小军　姜晓明　姚　琳　徐　涛

　　　　徐晓丽　郭莹莹　廖梅杰

　　中国是一个拥有悠久海洋文化和丰富渔业资源的国家。从20世纪60年代开始，中国先后经历了海藻、对虾、贝类、海水鱼类以及海珍品五次"海水养殖浪潮"。海参是第五次"海水养殖浪潮"的引领者。中国的海参产业经过数十年的深耕细作，已然成为渔业经济中的一颗璀璨明珠，不仅为沿海地区带来了可观的经济效益，更成为支撑渔业可持续发展的关键力量。

　　面对日益激烈的市场竞争和不断变化的消费需求，中国海参产业在取得辉煌成就的同时，也面临着诸多挑战，尤其是标准体系不健全的问题日益突出。完善的标准体系不仅关乎海参产品的质量安全，更是推动整个产业健康、有序发展的关键所在。

　　在此背景下，中国水产科学研究院黄海水产研究所海参质量标准与加工团队凭借其深厚的专业背景和丰富的实践经验，组织撰写了《中国海参产业标准化发展报告》。这份报告不仅是对中国海参产业发展历程的深入剖析，更是对未来发展方向的精准把握。报告全面梳理了海参全产业链的发展现状，分析了产业发展中存在的问题和不足，并在此基础上提出了具有前瞻性和可操作性的标准体系建设方案。这套方案不仅涵盖了海参产业的各个环节，更体现了科技创新与产业发展的紧密结合，将为海参产业的绿色高质量发展提供有力支撑。

　　作为一份具有指导性和前瞻性的报告，希望它能够成为管理部门、科研机构和生产企业的重要参考，共同推动中国海参产业的繁荣发展。在各方的共同努力下，中国海参产业必将不断突破瓶颈，实现更高水平的跨越。

中国工程院院士：

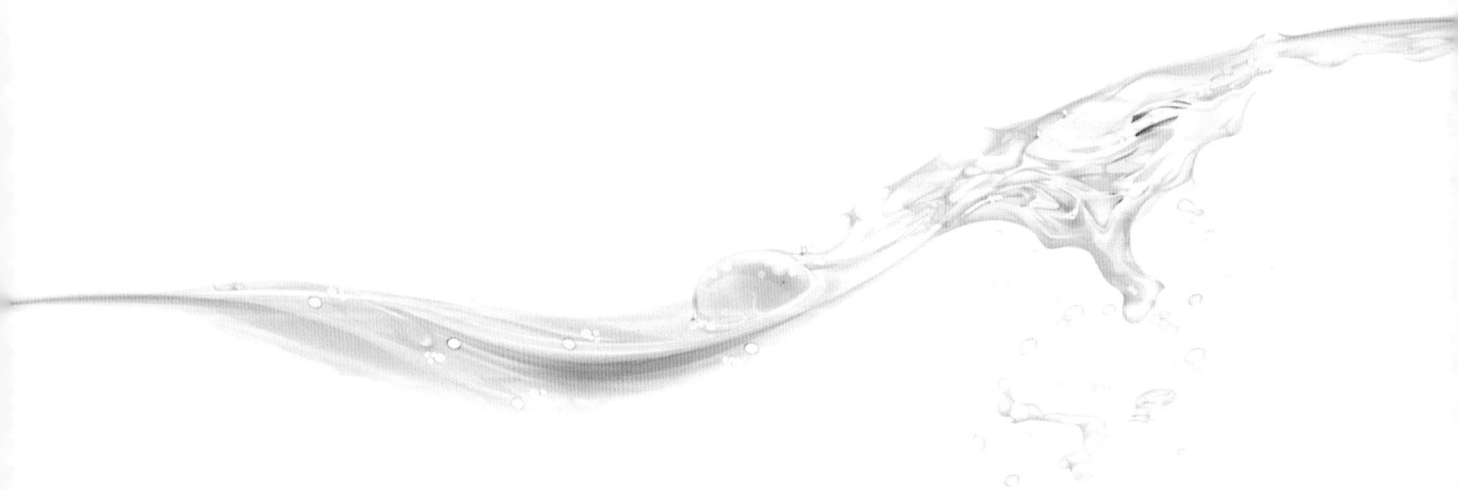

前 言 Foreword

　　中国海参产业历经数十年的发展，已经形成了集育苗、养殖、加工、流通、销售于一体的完整产业链，年产值达到千亿元规模。在政策扶持、技术创新和市场需求的共同推动下，海参产业逐渐成为沿海地区渔业经济发展的重要支柱。与此同时，养殖环境多变、技术瓶颈突出、消费市场波动、标准体系不完善等给海参产业发展带来了严峻的考验。

　　为了更好地推动中国海参产业的绿色高质量发展，中国水产科学研究院黄海水产研究所海参质量标准与加工团队组织撰写了《中国海参产业标准化发展报告》。报告介绍了中国海参产业发展背景，分析了海参全产业链目前的发展情况。在此基础上，报告对中国海参产业标准化现状进行了梳理，立足产业发展需求并综合考虑科研技术的成熟度以及与现行标准法规的协调性等多方面因素，提出了中国海参产业标准体系建设方案，将海参全产业链标准分为基础通用标准、苗种标准、养殖技术标准、投入品标准、加工标准等5大领域，细分为16个分支，共96项标准，涵盖了海参育苗、养殖、加工、流通、贸易、品牌建设等全产业链条的各个环节。

　　希望本报告能够为管理部门、科研机构和生产企业提供有益的参考，共同推动中国海参产业的繁荣发展。我们相信，在各方的共同努力下，中国海参产业将迎来更加美好的未来。

编　者

2024年2月于青岛

目录 Contents

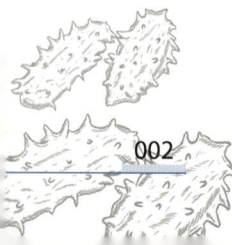

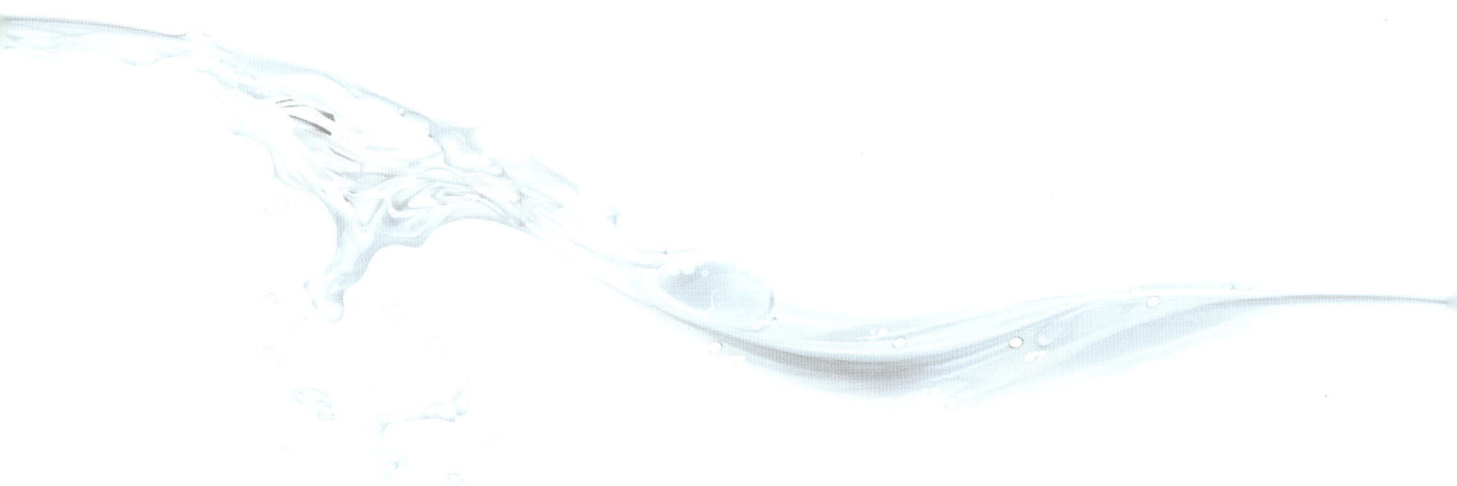

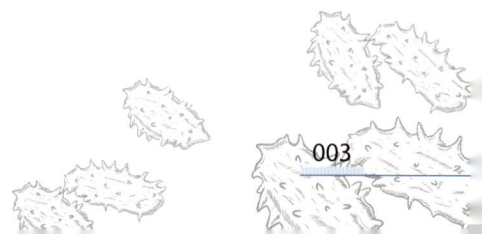

第一章

中国海参产业概况

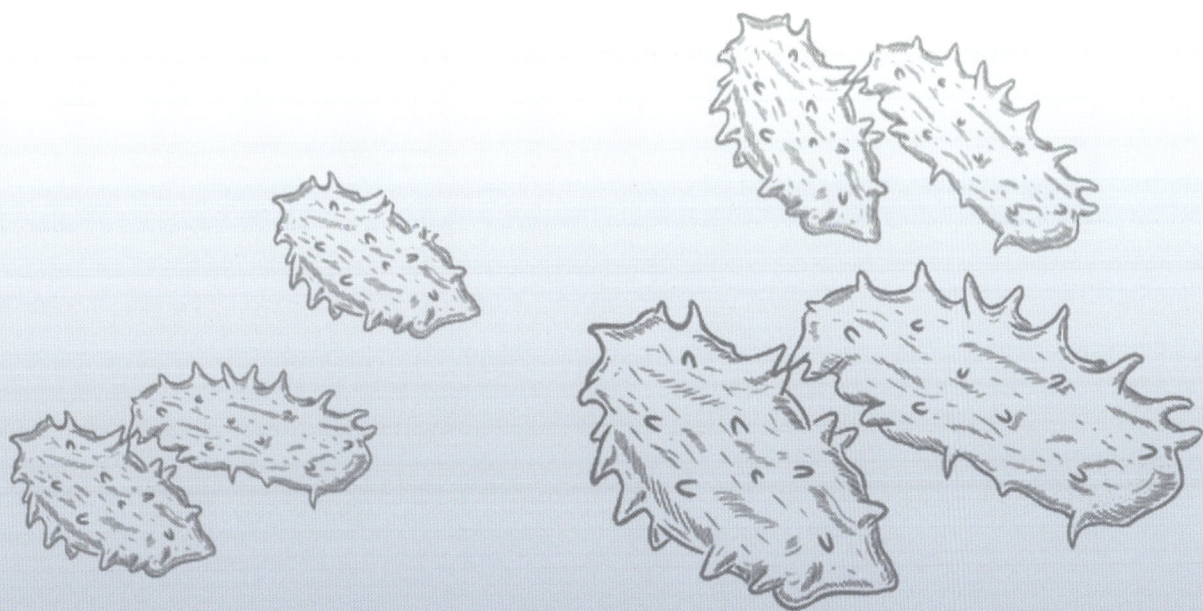

第一节 产业背景

一、海参资源

海参起源于5亿多年前的古生代寒武纪，归属于棘皮动物门（Echinodermata），英文单词是由希腊字"echinos"（意为"棘刺"）和"derma"（意为"表皮"）两个词组成，意思就是"皮上有棘的动物"。棘皮动物体壁含有内骨骼，且常突出于体表形成"棘"，由此得名。

海参在全世界的海洋中均有发现，但主要分布在热带和温带地区，大约有1 400种。热带海域的海参资源更加多样化，主要分布在太平洋的热带海域和印度洋，其中印度洋–西太平洋区是目前发现海参种类最多、资源量最大的区域。楯手目的刺参属、海参属、辐肛参属和白尼参属是这个区域常见的种类，其中刺参属的种类有绿刺参（*Stichopus chloronotus*）、花刺参（*Stichopus herrmanni*）；海参属的种类有糙海参（*Holothuria scabra*）、沙海参（*Holothuria arenicola*）、丑海参（*Holothuria impatiens*）、红腹海参（*Holothuria edulis*）、黄疣海参（*Holothuria hilla*）、玉足海参（*Holothuria leucospilota*）、黑乳海参（*Holothuria nobilis*）；辐肛参属的种类有辐肛参（*Actinopyga lecanora*）、棘辐肛参（*Actinopyga echinites*）、白底辐肛参（*Actinopyga mauritiana*）、乌皱辐肛参（*Actinopyga miliaris*）；白尼参属的种类有图纹白尼参（*Bohadschia marmorata*）、蛇目白尼参（*Bohadschia argus*）。枝手目海参种类并不十分丰富，常见的有针枝柄参（*Cladolabes aciculus*）、棘杆瓜参（*Ohshimella ehrenbergi*）、非洲异瓜参（*Afrocucumis africana*）。中国西沙群岛的海参种类，绝大多数都在上述范围内。温带海域的海参资源种类相对单一，主要分布于太平洋东西两岸。具有较高经济价值的优良品种主要分布在北半球的太平洋沿岸、拉丁美洲沿岸以及北冰洋沿岸，且以刺参科为主，如分布在中国黄渤海海域、日本群岛、朝鲜半岛的日本刺参（*Stichopus japonicus*）和仿刺参（*Apostichopus japonicus*）；分布在北美洲沿岸的美国红参（*Parastichopus californicus*）；分布在拉丁美洲、加勒比海、墨西哥沿岸的墨西哥刺参（*Isostichopus badionotus*）；分布在加利福尼亚半岛到厄瓜多尔大陆的暗色刺参（*Isostichopus fuscus*）；分布在地中海和大西洋东部的冰刺参（*Holothuria tubulosa*）等。南半球的海参种类相对较多，但大部分品种食用价值较低。

中国海参种类约100种，主要的品种见表1-1。在国内被业界及消费者普遍提及的刺参，按照Selenka（1867）的分类系统，其正式中文名为仿刺参（*Apostichopus japonicus*）*，归属

---

* 除特别说明外，后文所述的"海参"和"刺参"均指"仿刺参"。

于棘皮动物门、游走亚门、海参纲、楯手目、刺参科、仿刺参属。

表1-1　中国主要的海参种类及其分布

中文名称	学名	分布
仿刺参（刺参）	*Apostichopus japonicus*	辽宁、山东、河北、福建
绿刺参（方柱参）	*Stichopus chloronotus*	海南
花刺参（方参或黄肉参）	*Stichopus herrmanni*	台湾、海南、广东、广西
糙刺参	*Stichopus horrens*	台湾、海南
棘辐肛参（红鞋参）	*Actinopyga echinites*	台湾、海南、广西
子安辐肛参（黄瓜参）	*Actinopyga lecanora*	西沙群岛
白底辐肛参（白底靴参）	*Actinopyga mauritiana*	台湾、海南
乌皱辐肛参	*Actinopyga miliaris*	海南
梅花参（凤梨参）	*Thelenota ananas*	台湾、海南、广东
糙海参（白参或明玉参）	*Holothuria scabra*	台湾、海南、广东、福建
黑海参	*Holothuria atra*	台湾、海南
黑赤星海参	*Holothuria cinerascens*	台湾、海南、广东、香港
黑乳海参	*Holothuria nobilis*	台湾、海南
红腹海参	*Holothuria edulis*	海南
玉足海参（乌参或红参）	*Holothuria leucospilota*	台湾、海南、广东、广西、福建
虎纹海参	*Holothuria pervicax*	台湾、海南、福建、广东
米氏海参	*Holothuria moebii*	海南、广东、福建、香港
丑海参	*Holothuria impatiens*	台湾、海南
图纹白尼参	*Bohadschia marmorata*	海南
蛇目白尼参	*Bohadschia argus*	西沙群岛

二、海参饮食文化

海参在中国有悠久的食用历史，是药食同源的典范（图1-1）。中国传统中医认为，海参有补肾益精、益气养血等功效，适当食用海参能促进细胞再生、修复损伤，还能提高机体免疫力，从而达到增强体质、保养身体的作用。随着科学的发展和分析技术的不断进步，科研工作者对海参各类成分进行了生物活性方面的广泛研究，不仅印证了中医临床经验所归纳的医疗保健功能，而且还发现了许多新的活性成分。吃海参逐渐成为人们日常养生保健的一种潮流。

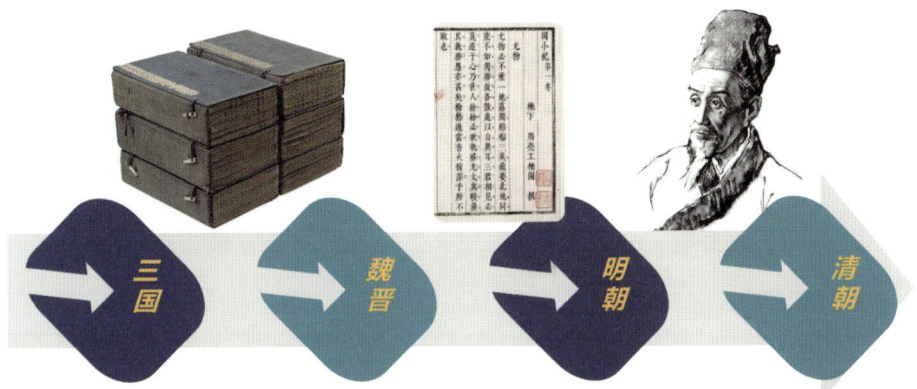

沈莹所著《临海水土异物志》中描述海参：土肉，正黑，如小儿臂大，长五寸，中有腹，无口目，有三十足，炙食。

郭璞在《江赋》中写到"玉珧海月，土肉石华"，将"土肉"（海参）同"玉珧"（牛角江珧蛤）、"石华"等名贵食材相提并论。

谢肇淛撰写的《五杂俎》中这样描述海参的价值：昔人以闽荔枝、蛎房、子鱼、紫菜为四美……海参，其性温补，足敌人参，故名海参。

赵学敏编著的《本草纲目拾遗》载有：海参……补肾经，益精髓，消痰涎，摄小便，壮阳……

图1-1 中国典籍中有关海参的部分记载

三、海参产业发展历程

中国从20世纪60年代开始，先后经历了海水养殖的"五次浪潮"（图1-2），分别是始于20世纪60年代的藻类养殖，始于20世纪80年代的对虾养殖，始于20世纪90年代的贝类养殖，始于21世纪初的海水鱼类养殖，以及2010年前后的以海参、鲍为代表的海珍品养殖。随着海参养殖技术的日趋成熟和海参加工技术的不断进步，海参产业呈现出蓬勃发展的趋势，2021年全国海参养殖总产量达到22.3万t，全产业链价值估算达1 000亿元，2022年全国海参养殖总产量达到24.8万t，年直接经济产值约300亿元，是我国海水养殖业中单品种产值最高的种类。海参产业为沿海经济结构调整和渔民就业增收开辟了一条新的途径，产生了巨大的经济和社会效益。

- 第一次浪潮：1960—，藻类养殖
- 曾呈奎院士（中国科学院海洋研究所）
- 第二次浪潮：1980—，对虾养殖
- 赵法箴院士（中国水产科学研究院黄海水产研究所）
- 第三次浪潮：1990—，贝类养殖
- 张福绥院士（中国科学院海洋研究所）
- 第四次浪潮：2000—，海水鱼类养殖
- 雷霁霖院士（中国水产科学研究院黄海水产研究所）
- 第五次浪潮：2010—，海珍品养殖

图1-2 中国海水养殖"五次浪潮"

第二节　中国海参全产业链概况

一、中国海参产业发展政策概况

改革开放以来，中国各级政府以及农业主管部门出台多项政策，从加强产业安全的管理，推进水产养殖的绿色发展和示范区建设、现代化建设，加强渔业发展规划，提升现代种业的工程建设和规划，实施农产品"三品一标"、提升农产品质量安全、加强农业品牌的创新发展等多方面对海参产业的发展进行了引导扶持。

2003年农业部颁布了《水产养殖质量安全管理规定》，2017年国务院修订了《农药管理条例》，2019年10部委联合印发了《关于加快推进水产养殖业绿色发展的意见》，2022年农业农村部发布了《关于加快推进种业基地现代化建设的指导意见》，2022年农业农村部渔业渔政管理局、中国水产科学研究院、全国水产技术推广总站联合印发了《水产养殖用药明白纸》，国家诸多政策法规和规范性文件推动了中国海参养殖产业的健康发展，表1-2列出了中国部分与海参产业相关政策文件。在各级政府的支持下，海参产业历经30年的高速发展，已发展成为辽宁、山东、福建等海参主产区的乡村振兴支柱产业。从海参种质、养殖、加工到流通、销售等全产业链各环节不仅得到了国家相关政策的引导扶持，也得到了地方政府的大力支持，如福建省宁德市霞浦县农村商业银行、民生银行、农业银行、村镇银行等金融机构通过开展仓单质押支持海参产业发展，质押贷款率60%，年放款10亿元；辽宁省葫芦岛市兴城市政府协调金融机构为海参协会授信10亿元，支持海参产业供应链金融业务；辽宁省大连市开展海参池塘养殖温度指数保险服务，并培育了多个以海参为主要产业的上市公司和新三板挂牌企业；山东省烟台市、青岛市、威海市政府支持海参苗种产业发展，培育国家级海参原良种场；山东省烟台市蓬莱区、辽宁省锦州市凌海市政府投资兴建以海参为主的海洋食品产业园，提供一站式服务等。

表1-2　海参产业发展政策文件汇总（截至2022年）

发布日期	名称	部门	文号	主要内容
2003年7月24日	水产养殖质量安全管理规定	农业部	农业部令第31号	包括水产养殖质量安全管理规定总则以及养殖用水、养殖生产、渔用饲料和水产养殖用药等规定。
2012年8月14日	农产品质量安全监测管理办法	农业部	农业部令〔2012〕7号	包括农产品质量安全管理办法总则、风险监测、监督抽查与工作纪律。
2018年5月8日	关于加快发展智慧海洋产业的意见	山东省委、省政府印发	—	包括总体要求、"一核汇聚、两线融合、两带展开、一体协同"的空间布局、智慧海洋产业工作重点以及保障措施。

（续）

发布日期	名称	部门	文号	主要内容
2018年5月8日	关于印发《海洋强省建设行动方案》的通知	山东省省委、省政府印发	鲁发〔2018〕21号	包括方案重大意义、总体要求、陆海空布局、行动重点、深化改革、组织实施。
2019年1月11日	关于加快推进水产养殖业绿色发展的若干意见	农业农村部、生态环境部、自然资源部等10部委	农渔发〔2019〕1号	加强科学布局，转变养殖方式，改善养殖环境，强化生产监管，拓宽发展空间，加强政策支持，落实保障措施。
2020年2月17日	山东省海洋局关于促进海洋渔业高质量发展的意见	山东省海洋局、省发展改革委员会、山东省财政厅等6部门	鲁海发〔2020〕3号	包括总体要求、加强海洋渔业资源和生态环境保护、加快构建现代海洋渔业产业体系、提高海洋渔业设施和装备水平、提高海洋渔业组织化程度和管理水平、强化保障措施、加强组织领导等具体意见。
2020年3月27日	中华人民共和国兽药管理条例（2020年修订）	国务院	国务院令〔2020〕726号	主要包含新兽药研制、兽药生产、兽药经营、兽药进出口、兽药使用、兽药监督管理、法律责任等。
2020年7月17日	关于加强海参养殖用药监管的紧急通知	农业农村部	农明字〔2020〕64号	全面开展海参养殖违法违规用药专项整治，开展海参养殖环境药残检测，加快健全海参养殖用药日常监管机制，并积极做好海参养殖规范用药的宣传引导。
2021年2月1日	关于印发加快建设"海上福建"推进海洋经济高质量发展三年行动方案（2021—2023年）的通知	福建省人民政府	闽政〔2021〕7号	方案提出推进重大海洋科技基础保障平台建设、推进新建一批国家级和省（部）级重大研发平台、推进现有国家级和省（部）级重大研发平台建设发展等十大重点任务，加快建设"海上福建"，推进海洋经济高质量发展，全方位推进高质量发展。
2021年8月13日	"十四五"现代种业提升工程建设规划	国家发展改革委、农业农村部	—	对中国种业基础设施建设布局的总体思路、框架体系、重点项目、保障措施等作出了全面部署安排，主要涵盖农作物种业、畜禽种业、水产种业能力提升三个方面。
2021年11月12日	"十四五"推进农业农村现代化规划	国务院	国发〔2021〕25号	明确"十四五"推进农业农村现代化要聚焦七个方面重点任务，即"三个提升、三个建设、一个衔接"。
2021年11月15日	关于印发福建省"十四五"海洋强省建设专项规划的通知	福建省人民政府办公厅	闽政办〔2021〕62号	进一步优化全省"一带两核六湾多岛"的海洋经济发展总体布局，推进海岛、海岸带、海洋"点线面"综合开发，做强福州、厦门两大示范引领区，提高重点海岛开发与保护水平，形成各具特色的沿海城市发展格局，加快环三都澳、闽江口、湄洲湾、泉州湾、厦门湾、东山湾六大湾区高质量发展。
2021年12月29日	"十四五"全国渔业发展规划	农业农村部	农渔发〔2021〕28号	提出"稳产保供、创新增效、绿色低碳、规范安全、富裕渔民"的二十字渔业发展方针以及"三提升，三促进"的重点任务。
2022年2月21日	"十四五"全国农产品质量安全提升规划	农业农村部	农质发〔2022〕1号	包括发展形势、总体要求、重点任务，从强化组织领导、责任落实、实施评估三个方面对规划的实施提出要求。

（续）

发布日期	名称	部门	文号	主要内容
2022年3月27日	关于印发"十大创新""十强产业""十大扩需求"2022年行动计划的通知	山东省人民政府办公厅	鲁政办字〔2022〕28号	通过建立工作台账、深入宣传解读、强化政策支持与狠抓督导落实等方式认真落实"十大创新""十强产业""十大扩需求"的行动计划。
2022年3月29日	农药管理条例（2022年修订）	国务院	国务院令第677号	主要包括农药监督管理、农药专业化使用推进、农药登记、农药生产、农药经营、农药使用、法律责任等。
2022年9月16日	加快推进种业基地现代化建设的指导意见	农业农村部办公厅	农办种〔2022〕11号	深入实施种业基地提升行动，强化基地属地责任，发挥企业主体作用，推动有效市场和有为政府更好结合，加快建设现代化种业基地，健全良种繁育和应急保障体系，实现重要农产品种源自主可控，确保农业生产用种安全。
2022年9月16日	农业生产"三品一标"提升行动有关专项实施方案	农业农村部办公厅	农办规〔2022〕20号	以渔业供给侧结构性改革为主线，坚持质量兴渔、绿色兴渔、品牌强渔，强化标准引领，推进科技创新。
2022年9月22日	建设国家农业绿色发展先行区 促进农业现代化示范区全面绿色转型实施方案	农业农村部、国家发展改革委、生态环境部等5部委	农办规〔2022〕15号	就农业资源保护利用、农业面源污染防治、农业生态保护修复和绿色低碳农业产业链打造等方面工作作出重要部署。
2022年9月29日	农业农村部关于实施农产品"三品一标"四大行动的通知	农业农村部	农质发〔2022〕8号	部署实施优质农产品生产基地建设行动、优质农产品品质提升行动、优质农产品消费促进行动和达标农产品亮证行动。
2022年11月8日	关于推介2022年农业品牌创新发展典型案例的通知	农业农村部办公厅	农办发〔2022〕15号	推介典型案例，体现品牌主体在核心竞争力提升、品牌协同发展、品牌营销创新、品牌监管保护、品牌帮扶等方面的典型做法和成效。
2022年11月10日	水产养殖用药明白纸2022年1、2号	农业农村部渔业渔政管理局等3部门	—	列出国务院兽医行政管理部门规定水生食品动物禁止使用的药品及其他化合物以及国务院兽医行政管理部门已批准的水产用兽药明细。

二、中国海参养殖概况

（一）苗种生产

中国从20世纪50年代开始进行海参育苗研究；60年代由山东省海水养殖研究所培育出少量的稚幼参；90年代，开始以长岛为中心进行海参养殖，并逐渐向外辐射；21世纪初，山东、辽宁开始规模化养殖海参；2010年开始，海参逐步发展成为引领海水养殖"第五次浪潮"的主导品种（图1-3）。

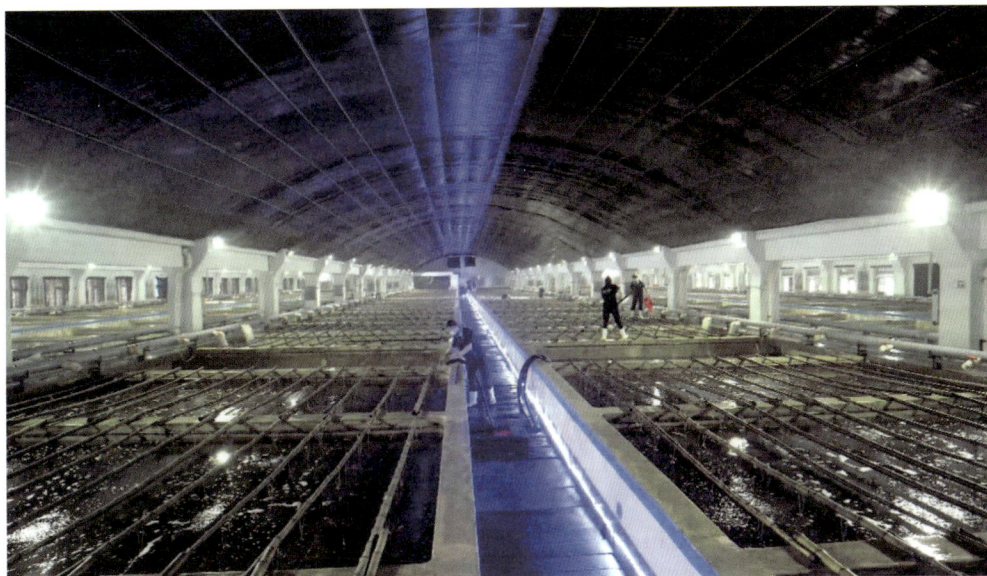

图1-3 海参育苗车间

[拍摄于国家级大连金普新区刺参原种场（棒棰岛国家刺参原种场）]

中国2018—2022年海参苗种总量情况见图1-4。2018年，海参苗种数量562亿头；2019年，苗种数量降幅明显，总量为525亿头，同比下降6.57%；2020年，苗种数量总体回升，达551亿头，同比增长4.88%；2021年，苗种数量继续大幅增加，达601亿头，同比增长9.19%；2022年，苗种数量达628亿头，同比增长4.46%。

中国海参苗种区域分布情况见表1-3。中国海参苗种生产主要集中在山东省、辽宁省和河北省，福建省近年来也开展了海参苗种的南方繁育，每年苗种生产量较少。山东省的海参苗种产量占到全国的60%；辽宁省的海参苗种占比有所下降，由2018年的36.48%降至2022年的32.01%；河北省的海参苗种占比呈增加趋势，由2018年的1.85%增至2022年的4.51%。

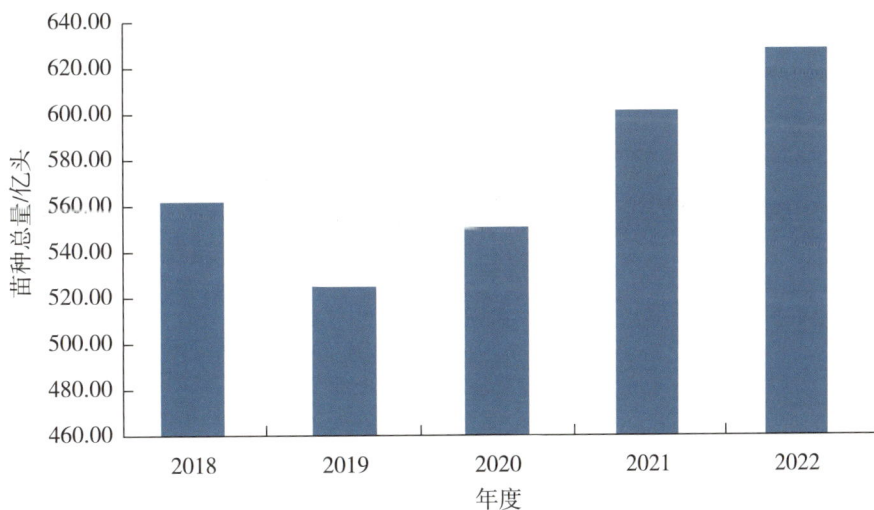

图1-4 2018—2022年中国海参苗种数量统计

（图中数据来源于《中国渔业统计年鉴》）

表1-3　中国海参苗种、养殖面积、养殖产量区域分布（2018—2022年）

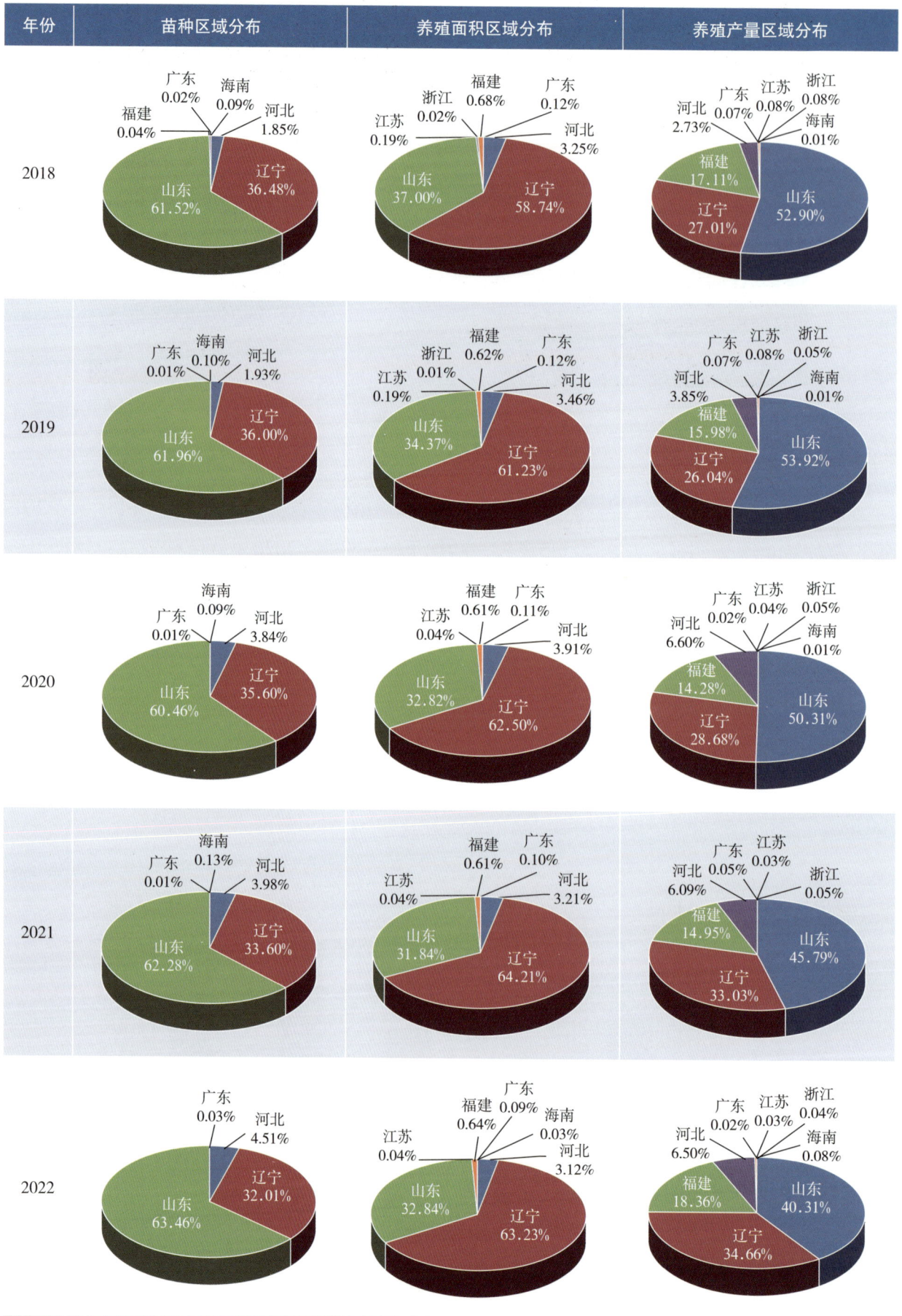

年份	苗种区域分布	养殖面积区域分布	养殖产量区域分布
2018	广东0.02% 海南0.09% 河北1.85% 福建0.04% 山东61.52% 辽宁36.48%	浙江0.02% 福建0.68% 广东0.12% 江苏0.19% 河北3.25% 山东37.00% 辽宁58.74%	广东0.07% 江苏0.08% 浙江0.08% 河北2.73% 海南0.01% 福建17.11% 山东52.90% 辽宁27.01%
2019	广东0.01% 海南0.10% 河北1.93% 山东61.96% 辽宁36.00%	浙江0.62% 福建0.62% 广东0.12% 江苏0.01% 河北3.46% 山东34.37% 辽宁61.23%	广东0.07% 江苏0.08% 浙江0.05% 河北3.85% 海南0.01% 福建15.98% 山东53.92% 辽宁26.04%
2020	海南0.09% 广东0.01% 河北3.84% 山东60.46% 辽宁35.60%	江苏0.04% 福建0.61% 广东0.11% 河北3.91% 山东32.82% 辽宁62.50%	广东0.02% 江苏0.04% 浙江0.05% 河北6.60% 海南0.01% 福建14.28% 山东50.31% 辽宁28.68%
2021	海南0.13% 广东0.01% 河北3.98% 山东62.28% 辽宁33.60%	福建0.61% 广东0.10% 江苏0.04% 河北3.21% 山东31.84% 辽宁64.21%	广东0.05% 江苏0.03% 河北6.09% 浙江0.05% 福建14.95% 山东45.79% 辽宁33.03%
2022	广东0.03% 河北4.51% 辽宁32.01% 山东63.46%	广东0.09% 福建0.64% 海南0.03% 江苏0.04% 河北3.12% 山东32.84% 辽宁63.23%	广东0.02% 江苏0.03% 浙江0.04% 河北6.50% 海南0.08% 福建18.36% 山东40.31% 辽宁34.66%

（二）养殖模式

海参养殖模式主要包括：底播增养殖、围堰养殖、池塘养殖、工厂化养殖、浮筏吊笼养殖、浅海网箱养殖（图1-5）。

底播增养殖模式 底播增养殖模式是在条件适宜的海区，通过投放参礁、移植大型藻类改善海区条件，采取投放大规格苗种等措施，增加海参生物资源、提高产量的一种模式。放养苗种的规格一般为40～100头/kg，放苗密度为5～8头/m²。苗种投放时机一般为水温在8℃以上的春季或21℃以下的秋季，选择在小潮汛低潮和平潮时投放，一般经过3年左右的生长周期，即可在春、秋两季由潜水员采捕成品参。这种模式养殖的海参在大海里自然生长，产出的海参品质优良，底播海参单位亩*产量较低，大多在50 kg以下。全国底播增养殖海参的规模约10.84万hm²，代表地区为辽宁省大连市、山东省烟台市和威海市。

围堰养殖模式 围堰养殖模式是在潮间带或潮下带区域建造石头或水泥坝体、设置闸门，依靠自然涨潮纳水的一种养殖方式，也称岩礁池养殖。小的围堰池塘在0.67~2 hm²，大的围堰池塘上千亩，水深3 m以上，围堰池塘内根据水流的大小选择合适的参礁。投放的苗种规格为100～200头/kg，通常放苗密度为15～25头/m²。最佳放苗时间为秋季10—11月和翌年春季4—5月，一般不投喂人工配合饲料，围堰池塘养殖2年后可收获，收获方式主要是由潜水员采捕大规格商品海参，并在收获后适当补充苗种。全国围堰养殖海参的规模约0.67万hm²。

池塘养殖模式 池塘养殖模式是在沿海潮间带或潮上带通过修筑堤坝，建设形成较大水面养殖水域的一种养殖方式。池塘面积大小一般为1.33~4 hm²，池塘深2.0～3.0 m，辽宁地区部分养殖区域的池塘面积可达千亩。池塘养殖的放苗规格、密度与成活率和产量密切相关，一般选择20～300头/kg的苗种成活率较高，最佳放苗时间为秋季的10—11月和翌年春季的4—5月。春、秋海参摄食旺盛的时候（4—5月、10—11月），池塘中的天然饵料无法满足高密度养殖对饵料的需求，应根据海参的摄食情况合理投饵。池塘养殖模式以轮捕轮放的方式进行养殖，主要由潜水员进行采捕收获。全国池塘养殖海参的规模约10万hm²，代表地区为山东省威海市、烟台市、东营市，辽宁省锦州市、凌海市，河北省唐山市等。

工厂化养殖模式 工厂化养殖模式是利用养殖车间设施，通过人为控制水温、溶解氧、盐度等环境条件，进行高密度、集约化养殖的一种方式。中国北方工厂化养殖海参设施多数是养殖鲆鲽车间改造而成，工厂化养殖模式一般放苗规格为50~70 g/头大规格海参苗，经过3～10个月的养殖周期，达到150 g左右的商品参；商品参养殖密度根据海参规格、水温、饵料投喂、管理水平等情况而定，一般为30～40头/m²；养殖过程中需投喂人工配合饵料。在这种模式下养殖的海参主要用于自然海域中海参夏眠和冬眠期间市场活海参的供应，代表地区为山东省日照市、烟台市和莱州市等。

浮筏吊笼养殖模式 浮筏吊笼养殖模式是将海参放置于吊笼内，悬挂于浅海浮筏上

---

* 亩为非法定计量单位，1亩 ≈ 667 m²，余同。——编者注

进行养殖的一种方式，该模式是北参南养的主要模式。养殖笼多为扇贝养殖笼或养鲍笼，通常每亩水面悬挂养殖笼1 500～2 500串，苗种投放规格为20～40头/kg，放养密度为5～6头/层；饲料以海带为主。浮筏吊笼养殖主要选用北方大规格苗种，放苗时间一般在11月中旬至12月初，一般在翌年的3—4月即可收获上市；南方当年海参苗的放苗时间一般在白露后至11月初，在翌年的6月初可收获上市。这种养殖模式充分利用南方冬季水温适合海参生长的特点，缩短养殖周期。吊笼养殖的单位亩产可达5 000 kg，代表地区为福建省宁德市霞浦县。

浅海网箱养殖模式 浅海网箱养殖模式是在浅海搭建浮筏，构筑特制网箱及其内置网片附着基的一种养殖方式。浅海网箱养殖分为苗种培育和养成两种，其中网箱苗种培育一般选择100～300头/kg的海参苗种，放养密度根据水质、网箱内置网片的密度及管理情况而定；网箱养成时一般选用苗种规格为20～30头/kg的海参，放养密度为30头/m²左右。浅海网箱养殖可利用网衣上生长的藻类和附着有机物为饵料，海参摄食较为旺盛的季节（4—6月，10—11月）或浅海海域饵料不充分的情况下，可投喂片状人工配合饵料。浅海网箱保苗的海参生长到40～60头/kg时即可一次性收获，作为大规格商品苗种进行销售；浅海网箱养成的海参一般生长到6～10头/kg时即可收获。

底播增养殖

围堰养殖

池塘养殖

工厂化养殖

浮筏吊笼养殖

浅海网箱养殖

图1-5 海参主要的养殖模式

（三）养殖面积

中国2018—2022年海参养殖面积总体稳定在24万~25万hm²，具体情况见图1-6。2018年海参养殖面积238 183 hm²；2019年海参养殖面积有所扩大，达到246 745 hm²，同比增长3.59%；2020年海参养殖面积242 813 hm²，略有减少；2021年养殖面积247 419 hm²，恢复至2019年水平；2022年养殖面积250 356 hm²，同比增加1.19%。中国海参养殖面积区域分布情况见表1-3。辽宁省海参养殖面积占到全国的60%，且从2018年开始占比呈现缓慢增加的趋势，至2021年养殖面积已从56.50%增加到64.21%，2022年养殖面积占比略有下降。山东省的海参养殖面积占比略有减少，2018年养殖面积占全国的37%，至2022年占比已下降至32.84%；其他几个省份的养殖面积占比相对稳定，河北省占比3%~4%，福建省占比0.6%~0.8%。

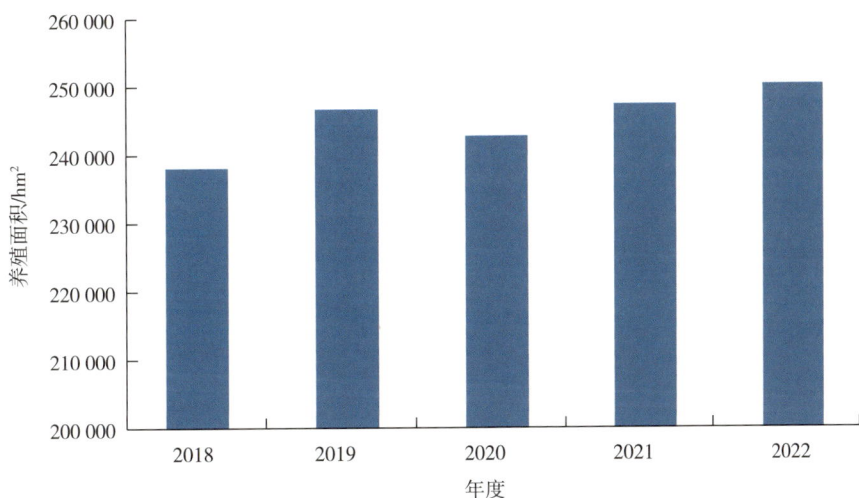

图1-6 2018—2022年中国海参养殖面积统计

（图中数据来源于《中国渔业统计年鉴》）

（四）养殖产量

中国2018—2022年海参养殖产量情况见图1-7。2018年，受高温天气影响，北方海参养殖产量大幅减少，全国总产量仅为174 340 t；2019年海参养殖产量171 700 t，基本与2018年持平；2020年海参养殖产量大幅回升，达到196 564 t，同比增长14.48%；2021年继续保持增加态势，产量达222 707 t，同比增长13.30%；2022年产量达248 508 t，同比增长11.59%。

中国海参养殖产量区域分布情况见表1-3。山东省、辽宁省、福建省三个省份的海参养殖产量占到全国的90%以上。2018—2022年，三个省份的海参养殖产量占比均有所波动，山东省占比在40%~54%，辽宁省占比在26%~35%，福建省占比在14%~18%。

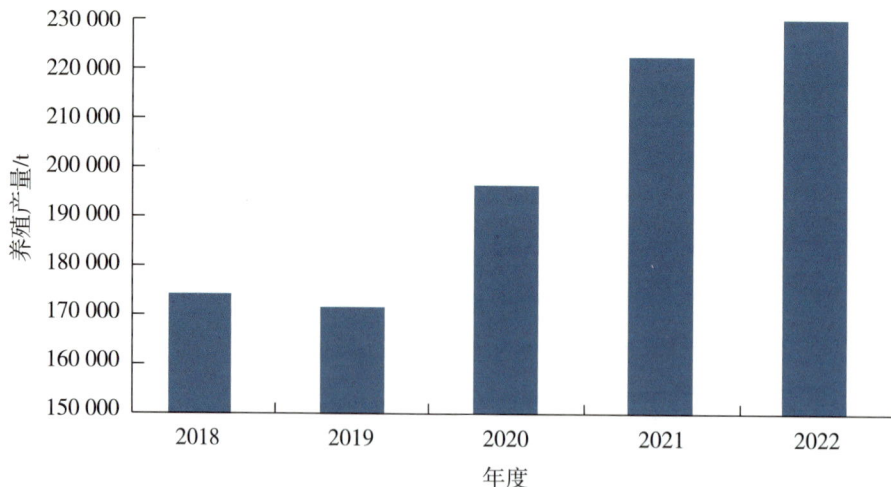

图1-7　2018—2022年中国海参养殖产量统计

（图中数据来源于《中国渔业统计年鉴》）

（五）代表性产区

海参主产区主要分布在辽宁省的大连市、锦州市、葫芦岛市，山东省的烟台市、威海市，以及福建省的宁德市等。

辽宁省大连市瓦房店区　瓦房店被中国渔业协会授予"中国辽参故乡"称号，"瓦房店海参"获得农产品地理标志认证。2020年，瓦房店被农业农村部批准为首家国家级海参现代农业产业园，成立了专门的产业园管委会，大力发展海参围堰、池塘和网箱养殖，已建成国内最大的网箱养殖基地以及3万m²的加工园区。瓦房店现有池塘和围堰养殖面积1.67万hm²，底播海域1.33万hm²，外海网箱120万口，年产优质海参苗和成品海参3万t以上。

辽宁省大连市长海县　长海县现有海参底播增养殖面积5.33万hm²，是国内底播海参产量最大的区域，年产量约4 000 t，现有13家国家级海洋牧场示范区。长海县在县委和县政府领导下，以海洋牧场为龙头，打造"长海海参"地域品牌，推进海珍品产业发展，获批国家现代农业产业园，以产业发展带动乡村振兴和渔民致富。

辽宁省大连市普兰店区　大连市普兰店区海参池塘养殖面积2万hm²，新建网箱10万口左右，在以大连鑫玉龙海洋生物种业科技股份有限公司、大连有德渔业集团有限公司为代表的龙头企业带动下，形成了海参育苗、养殖、加工、文旅等一二三产业融合发展，打造"辽参小镇"，每年的辽参采捕节吸引全国各地客户和游客云集普兰店，促进了乡村振兴和渔民致富，海参全产业链产值120亿元，被农业农村部和国家乡村振兴局评为全国乡村振兴示范县。

辽宁省大连市庄河市　庄河市海参池塘养殖面积近1.33万hm²。2022年，庄河市政府大力支持石城岛周边外海海域海参网箱养殖项目，已建成网箱近20万口，每口最高产量达30 kg。网箱养殖的发展不仅为渔民实现增产增收，也带动了石城岛其他相关产业发展。庄河市将进一步扩大海参外海网箱养殖规模，并在庄河建设北黄海中心渔港，配套加工、冷链物流和供应链金融等产业链，进一步发挥海参产业带动乡村振兴的作用。

辽宁省锦州市凌海市 凌海市现有海参池塘养殖面积2万hm²，池塘养殖面积在中国县级市中排首位。2019年，凌海市应用"安源1号"等新品种，探索建立的池塘高产技术带动了当地海参产业发展。池塘养殖亩产达250 kg，是全国平均亩产的5倍。凌海地区海参年产量3万t左右，全产业链产值近60亿元。

辽宁省葫芦岛市兴城市 兴城市是我国主要海参产地之一，育苗、养殖、加工产业链较为完善，全产业链产值约30亿元。兴城市委、市政府对海参产业发展高度重视，组建了海参产业专班，指导成立了兴城市海参养殖行业协会，举办海参产业发展论坛，组织参加各类行业展会。兴城市海参产业已成为当地乡村振兴的重要产业，兴城市被农业农村部、国家乡村振兴局评为100家乡村振兴示范县。

山东省烟台市蓬莱区 蓬莱区自20世纪80年代就已经开始养殖海参，海参育苗、养殖、加工的历史悠久，"蓬莱海参"获批国家地理标志证明商标、国家农产品地理标志登记保护产品，蓬莱区被中国渔业协会授予"中国海参苗种之乡"称号，汇聚了一批海参苗种繁育企业。其中，以山东安源种业科技有限公司为核心和龙头，培育的"安源1号"海参新品种市场占有率达到20%以上，平均价格高于普通品种15%，带动了当地海参产业的高质量发展。

山东省威海市荣成市 荣成市海参养殖年产量3.2万t，占全国产量的14%左右，苗种繁育量19.8亿头，是国家级海参标准化示范市。荣成市委、市政府高度重视海参产业的可持续发展，出台了产业发展扶持政策，强化品牌建设。养殖方式主要以底播增养殖、池塘养殖、网箱养殖为主，形成了育苗、养殖、加工、流通一体化的产业发展格局。目前，面向市场销售的主要以鲜海参和干海参为主，精深加工产品有海参原浆、海参多肽、海参多糖及海参口服液等。

福建省宁德市霞浦县 霞浦县被中国水产流通与加工协会授予"中国南方海参之乡"称号，建有国内最大的海参吊笼养殖基地，现有养殖吊笼1 200多万吊，霞浦海参年产量达5.5万t，产值超70亿元。霞浦县委、县政府高度重视海参产业发展，在政策、资金、服务等方面全力支持，形成了完善的海参全产业链条式发展模式，带动了养殖户增收致富和霞浦地方经济发展。

三、中国海参加工概况

（一）海参加工工艺与产品类型

在中国辽宁省、山东省等北方地区，海参的采捕时间主要集中在春季的4—5月和秋冬季的10—12月，在南方的福建省主要集中在春季的3—4月。采捕后的活海参会发生"自溶"，因此收获后须尽快处理（图1-8）。传统的加工多为盐渍海参，近年来也有加工为冻煮海参。盐渍海参和冻煮海参都是海参加工的中间产品，可根据生产需要进一步加工成其他海参产品。

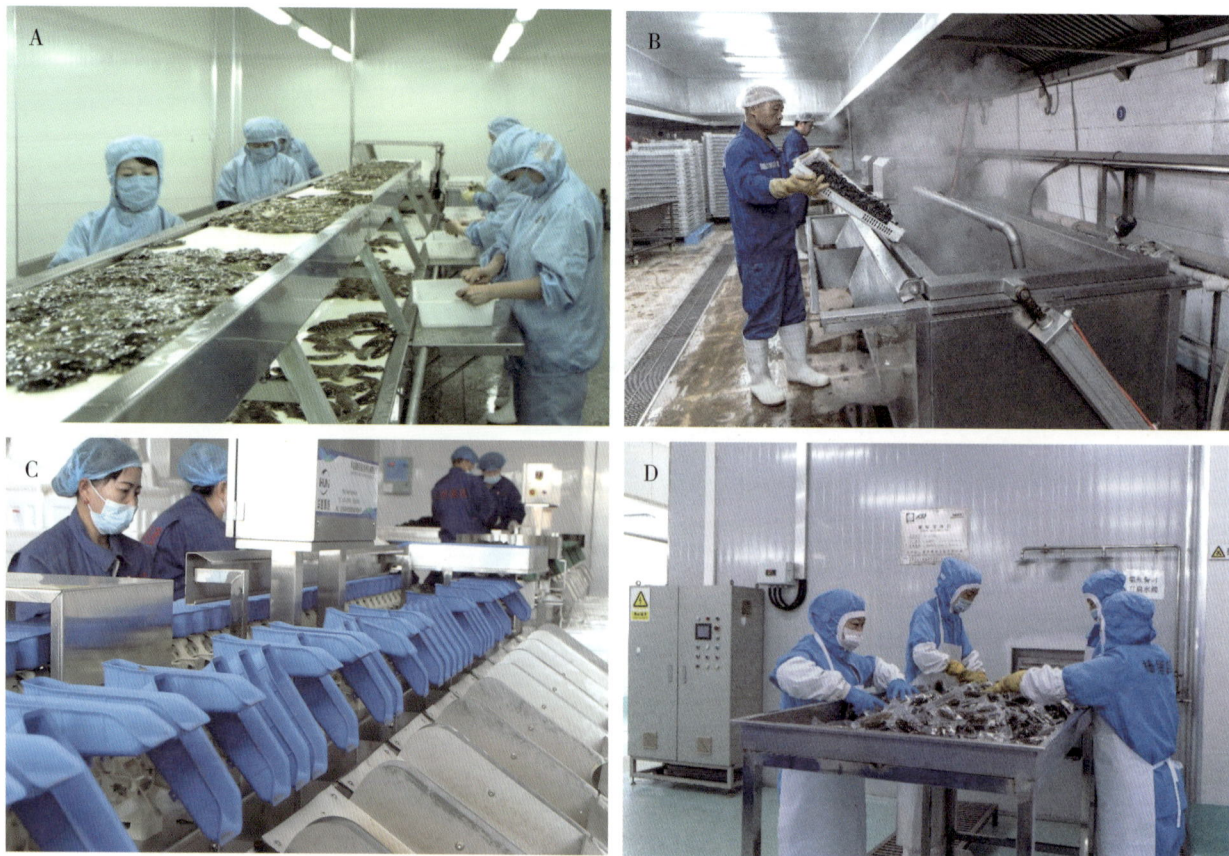

图1-8　海参加工现场

A. 海参前处理　B. 蒸煮　C. 分选　D. 包装单元

　　其他海参加工产品类型还包括干海参（盐干海参、淡干海参）、冻干海参、免煮速发干海参、即食海参、海参预制菜类等保留海参原形态的产品，以及海参口服液、海参粉（海参胶囊）、海参功效成分提取物等非原形态产品（表1-4）。干海参方便携带与流通，且可以长时间贮存，仍是市场的主流产品；免煮速发干海参复水食用方便，也可长时间常温贮存，近年发展势头较好；即食海参因食用方便深受年轻消费者的欢迎，近几年产量逐渐上升。

表1-4　中国市场上主要的海参产品类型及其加工工艺特点

产品类型	产品图片	加工工艺特点
盐渍海参（拉缸盐海参）		盐渍海参由活海参经去脏、清洗、预煮、盐渍加工而成，又被称为拉缸盐海参；盐渍海参解决了鲜海参原料不易贮存的问题；主要是加工各种干海参、即食海参的中间原料，也是沿海地区消费者经常食用的一类产品。在食用前需进行脱盐、清洗，再经过蒸煮、浸泡至可食用状态。盐渍海参价格相对便宜，须低温保存。

（续）

产品类型	产品图片	加工工艺特点
冻煮海参		冻煮海参是将活参去脏、清洗、再进行煮制，煮后须晾凉，再速冻而成。冻煮海参也是加工各种海参制品的中间原料，解冻后，可用于加工为干海参、即食海参等各种产品。相比盐渍海参，冻煮海参减少了拌盐的环节，加工过程更为简单，但须快速降温，其保存条件比盐渍海参的要求更加严格。
盐干海参		盐干海参通常是以盐渍海参为原料，经烤参、干燥等工序加工而成。盐干海参具有加工设备简单，成本低，可在常温条件下长时间贮存等特点。盐干海参在加工过程中用盐较多，个头一般比淡干海参要大。
淡干海参		淡干海参一般是以盐渍海参为原料，经脱盐、整形、干燥等工序加工而成；也可以鲜参为原料，经去脏、清洗、煮制、整形、干燥而成。淡干海参个头一般比盐干海参小，但含盐量低，蛋白质含量高，发制时复水效果好。
冻干海参		冻干海参是将盐渍海参或干海参复水发制后再经真空冷冻干燥加工而成。冻干海参的含水量低，食用方便，只需在水中短时浸泡即可达到食用状态，但加工成本相对较高，泡发后口感绵软、弹性差。
免煮速发干海参		免煮速发干海参是采用低温熟化和低温干燥工艺加工而成，其最大的特点是食用前无需进行烦琐的发制，只需将产品置于保温容器中，添加热水8～12 h即可达到食用状态。免煮速发干海参的质量指标优于传统的盐干、淡干海参，成本和售价也相应略高。

（续）

产品类型	产品图片	加工工艺特点
即食海参		即食海参是以鲜海参、盐渍海参、冻煮海参或干海参等为原料，经清洗、去脏、煮制、去牙、发制、调味或不调味、杀菌或不杀菌等工序制成的产品。即食海参分为常温保存和冷冻保存两类。常温即食海参采用真空包装或充氮气包装，须冷藏保存，开袋即食，保质期一般不超过3个月。冷冻即食海参须冷冻储存，保质期一般12个月以上，解冻后食用。
海参预制菜类		海参预制菜是以海参为主要原料，经预加工（如分切、搅拌、腌制、滚揉、成型、调味等）和/或预烹调（如炒、炸、烤、煮、蒸等）制成，并进行预包装的成品或半成品菜肴。海参预制菜既有营养保健功效，又符合消费者方便快捷的需求，未来将是海参产业重要的经济增长点。
海参口服液		海参口服液是将原料海参进行酶解，再经过滤、调味、灌装、杀菌等工艺制成，部分产品同时添加了具有保健功效的其他成分。海参口服液具有食用方便、营养物质丰富并易被吸收的特点，但这类产品已经脱离海参原形，消费者在选购这类产品时往往持十分谨慎的态度。
海参功效成分提取物		这类产品有海参肽、海参多糖制剂等，注重海参的保健功能。加工过程多是将海参或海参加工的副产物酶解、分离纯化，从海参中提取所需成分后，单独或与其他功效成分复配制成片剂、胶囊等。该类产品市场价位较高，主要针对一些有保健需求的特殊人群。

（二）全国海参加工重点企业分布

　　中国海参的知名品牌主要集中分布在辽宁省和山东省，福建省海参加工产业起步晚，处于品牌的初创期，在国内还未形成具有显著影响力的品牌。图1-9列举了部分入选中国渔业协会海参产业分会"中华好海参"的品牌，主要集中在中国北方。

图1-9 中国渔业协会海参产业分会的"中华好海参"品牌

"辽参"品牌组织化程度高，营销手段和推广模式比较先进，经过几十年的发展，已成长为具有广泛影响力和知名度的第一梯队，尤其在高端消费市场和商务礼品市场中优势明显，知名品牌有棒棰岛、獐子岛、晓芹、同仁堂、财神岛、长生岛、海晏堂等。"鲁参"品牌组织化程度有待进一步提高。近年来，"鲁参"品牌化建设进程开始加快，以好当家、海滨小金、金鲁源、老尹家等为代表的企业在市场表现抢眼，进一步提升了"鲁参"的知名度。

（三）海参消费市场

海参消费分为餐饮业消费、日常饮食消费、礼品消费。餐饮业消费约占50%，日常饮食和礼品消费占50%。按照餐饮业增值5倍，消费市场增值3倍，平均增值4倍测算，第一产业产值289.5亿元，第二产业产值50亿元，第三产业产值868.5亿元，海参产业全产业链产值已经突破1 000亿元。

海参是传统滋补佳品，富含蛋白质、多糖、皂苷等营养和功效成分，对提升免疫力、预防肿瘤等有一定作用。2020年中国工程院朱蓓薇院士团队在发表的研究成果中提出，海参中硫酸化多糖对新冠病毒活性有抑制作用。据测算，截至2023年，全国至少有10亿人从未食用过海参。未来随着海参预制菜、功能性食品产业的不断发展，海参将逐步被更多的消费者接受和喜爱，在大健康产业中发挥更大作用。

四、海参科研概况

（一）海参养殖研究概况

受饮食文化差异影响，欧美国家几乎没有海参养殖技术相关的研究报道。海参繁育领域的研究主要集中在东亚各国，如日本于20世纪30年代率先进行海参繁育技术研究；韩国和俄罗斯分别于20世纪60年代和80年代开展了海参繁殖生物学研究等；中国于20世纪50年代开始开展海参人工繁育技术研究，80年代突破了海参人工繁育技术，其后相继开展了增养殖技术研究。随着海参养殖产业的快速发展，有关海参相关研究也逐渐扩展到基础生物学、繁育、养殖、病害防控等多个方面。中国学者先后完成了3张海参中高密度遗传连锁图谱的构建，并首次完成了海参全基因组测序工作。2009年至2022年，全国水产原种和良种审定委员会审定通过并由农业农村部公告发布的国家级海参新品种有"参优1号""安源1号"（图1-10）等8个。中国在海参个体发育过程和繁殖规律研究的基础上逐步形成了一套育苗技术操作规程，并开展了池塘、围堰、工厂化、吊笼、混养等多种养殖模式以及配套养殖工艺优化工作，完成了海参育苗期及养成期重要病害的流行病学和防控技术研究等。整体而言，中国海参遗传育种和养殖应用基础研究一直处于国际先进水平。

图1-10 海参新品种

左图"参优1号"，右图"安源1号"

（二）海参加工研究概况

与海参养殖的迅猛发展相比，海参加工相对滞后。国外有关海参加工利用的研究不多，主要集中在海参体内一些活性成分的潜在药用价值方面。国内在海参功效研究方面也开展了大量工作，确证了海参多糖、皂苷、活性脂质等活性成分的多种功效（图1-11）。

硫酸软骨素
· 降血糖
· 抑制肿瘤生长
· 降血脂
· 免疫调节
· 抗疲劳

海参皂苷
· 抗肿瘤转移
· 改善高血脂
· 调节血糖
· 改善高尿酸血症
· 预防痛风

岩藻聚糖硫酸酯
· 防治酒精性肝损伤
· 降血糖
· 抗肿瘤
· 保护血管细胞
· 保护肾脏

功能脂质
· 改善肝损伤
· 改善代谢综合征
· 营养神经
· 保护心脑血管

图1-11 基于动物实验确证的海参部分功效

　　中国从"十五"规划开始重点立项支持海参加工相关研究，主要方向包括海参加工现代化工艺体系构建、海参加工新技术与新产品、海参自溶机制与控制技术、海参功效成分研究、海参产品品质评定方法与标准化等，代表性科研机构包括：中国海洋大学、大连工业大学、中国水产科学研究院黄海水产研究所（以下简称黄海水产研究所）等。另外，2009年，首个国家海参加工技术研发分中心（青岛）获批成立，该中心依托黄海水产研究所特色海洋生物资源高质化加工团队，在海参加工原始创新、成果转化和技术推广等方面为产业发展提供了重要支撑。上述国内科研团队先后创新了海参组合干燥技术、海参真空蒸煮技术、海参微波杀菌技术、海参活性成分规模化制备技术等，突破了海参自溶、海参精深加工、海参功效成分解析等技术瓶颈，取得了非常瞩目的成绩，先后有3项技术成果获得国家级奖励："海参自溶酶技术及其应用"获国家技术发明奖二等奖（2005年，大连工业大学）；"特色海洋食品精深加工关键技术创新及产业化应用"获国家科学技术进步奖二等奖（2018年，大连工业大学）；"海参功效成分解析与精深加工关键技术及应用"获国家科学技术进步奖二等奖（2020年，中国海洋大学）。

第二章

中国海参产业标准化现状

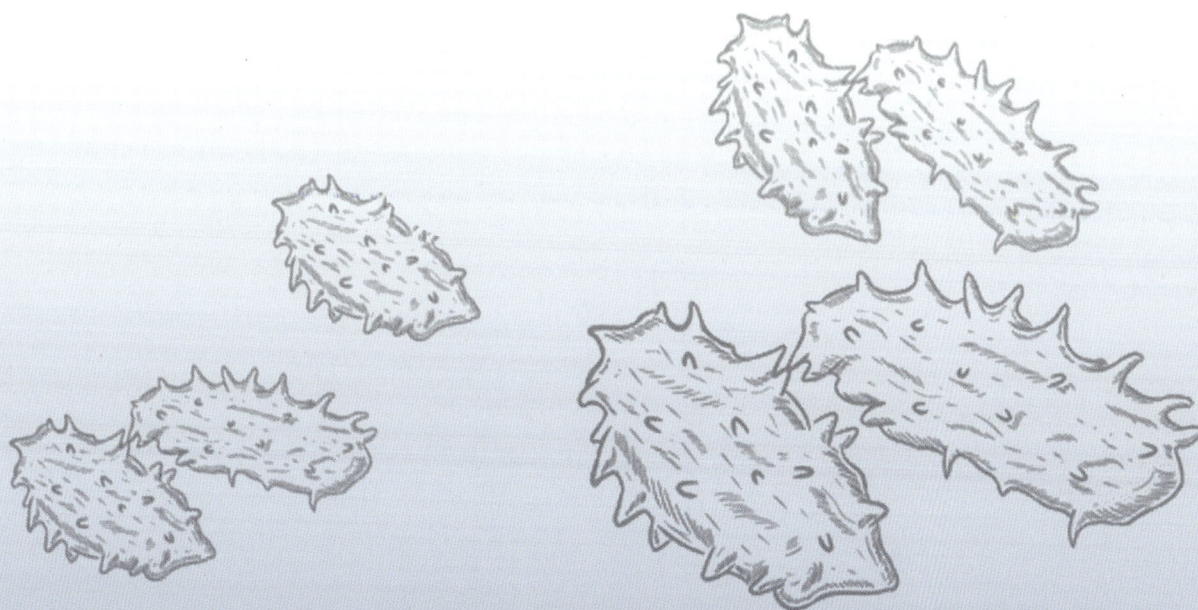

第一节　中国海参产业标准化概况

一、中国海参产业标准化相关政策分析

国家主管部门和各地方政府引导和扶持海参产业发展的同时，也相继颁布实施了多项标准化相关的法律法规，共同推动海参产业高质量发展。《中华人民共和国食品安全法》《中华人民共和国农产品质量安全法》《中华人民共和国标准化法》等法律法规对于规范海参产品生产经营活动，防范海参产品安全事故发生，强化海参产品安全监管，落实海参产品安全责任，保障人民身体健康和生命安全具有极为重要的指导意义。表2-1列出了部分国家标准化政策及文件。

表2-1　部分国家标准化政策文件汇总

发布日期	名称	部门	文号	主要内容
2006年9月30日	农产品包装和标识管理办法	农业部	农业部令第70号	包括农产品包装和标识要求以及农产品包装和标识的监督管理等规定。
2007年10月22日	国家农业标准化示范区管理办法（试行）	国家标准化管理委员会	国标委农〔2007〕81号	明确国家农业标准化示范区要求，建立示范区的原则和基本条件；示范区建设的具体目标和任务；示范区管理。
2013年12月19日	国家标准涉及专利的管理规定（暂行）	国家标准化管理委员会、国家知识产权局	—	明确专利信息的披露、专利实施许可、强制性国家标准涉及专利的特殊规定。
2021年4月29日	中华人民共和国食品安全法	全国人民代表大会常务委员会	中华人民共和国主席令第81号	包括食品安全风险监测和评估、食品安全标准、食品生产经营、食品检验、食品进出口、食品安全事故处置、监督管理、法律责任等规定。
2016年3月28日	国家技术标准创新基地管理办法（试行）	国家标准化管理委员会	公告2016年第2号	明确了国家技术标准创新基地的管理机构与职责、建设、运行、考核与评估方法的要求。
2016年3月28日	推荐性国家标准立项评估办法（试行）	国家标准化管理委员会	公告2016年第1号	从推荐性国家标准项目类型、评估内容、评估程序和要求等方面进行了详细的规定。
2016年6月28日	全国专业标准化技术委员会考核评估办法（试行）	国家标准化管理委员会	公告2016年第3号	解读技术委员会考核评估的对象、内容、结果判定方法及应用等考核评估要点。
2016年8月26日	国家标准外文版管理办法	国家标准化管理委员会	公告2016年第5号	对国家标准外文版立项、翻译、审查、发布程序进行规定，确立国家标准外文版由国务院标准化行政主管部门统一管理。

（续）

发布日期	名称	部门	文号	主要内容
2017年10月30日	全国专业标准化技术委员会管理办法	国家质量监督检验检疫总局	总局令第191号	包括技术委员会的构成、组建、换届、调整和监督管理等要求。
2017年11月4日	中华人民共和国标准化法	全国人民代表大会常务委员会	中华人民共和国主席令第78号	包括标准的制定、实施、监督管理、法律责任等规定。
2019年1月9日	团体标准管理规定	国家标准化管理委员会、民政部	国标委联〔2019〕1号	确定了主管部门，同时对团体标准的制定、实施与监督工作进行了明确规定。
2019年12月18日	关于加强农业农村标准化工作的指导意见	国务院办公厅	国办函〔2019〕120号	持续加强农业全产业链标准化工作、不断深化农业农村绿色发展标准化工作、探索开展农业农村文化建设标准化工作、稳步推动农产品品牌标准化工作、深入推动标准互联互通。
2020年1月16日	地方标准管理办法	国家市场监督管理总局	总局令第26号	放权地方标准化行政主管单位可以在农业、工业、服务业以及社会事业领域制定地方标准；明确了地方标准的技术要求不得低于强制性国家标准的相关技术要求，并做到与有关标准之间的协调配套。
2020年4月14	中国标准创新贡献奖管理办法	国家市场监督管理总局	公告2020年第15号	明确表彰范围和评审标准、推荐和受理、评审、异议处理、批准和授奖、监督及处罚等程序。
2021年12月6日	"十四五"推动高质量发展的国家标准体系建设规划	国家标准化管理委员会、住房城乡建设部、应急管理部等10部门	国标委联〔2021〕36号	建设国家标准体系的重点领域包含农业农村领域，大力发展农业全产业链标准与农业农村绿色发展标准。
2022年2月15日	2022年全国标准化工作要点	国家标准化管理委员会	国标委发〔2022〕8号	从健全高质量发展的标准体系、增强标准化发展动力、强化标准实施与监督、深化标准制度开放、提升标准化治理能力等方面，以及突破重点、改革创新、国际合作、夯实基础等方面进行了详细的工作部署。
2022年7月6日	贯彻实施《国家标准化发展纲要》行动计划	市场监管总局、国家网信办、国家发展改革委等16部门	国市监标技发〔2022〕64号	围绕标准化服务经济社会高质量发展、标准化自身发展和健全激励政策，加强督促检查，强化宣传引导工作，贯彻实施《国家标准化发展纲要》，明确2023年年底前重点工作，有序推进任务落实，更好发挥标准化在推进国家治理体系和治理能力现代化中的基础性、引领性作用。
2022年9月2日	中华人民共和国农产品质量安全法	全国人民代表大会常务委员会	中华人民共和国主席令第120号	包括农产品质量安全标准、农产品产地、监督检查等规定。

（续）

发布日期	名称	部门	文号	主要内容
2022年9月9日	国家标准管理办法	国家市场监督管理总局	总局令第59号	确立了国家标准的范围、分类，明确了标准制定目标，规定了国家标准制定的总体原则和要求以及组织管理等要求、国家标准制定程序的阶段；确立了各程序阶段的工作主体、工作内容及要求、国家标准的实施、监督和复审等要求。
2023年5月22日	标准创新型企业梯度培育管理办法（试行）	国家市场监督管理总局	国市监标创规〔2023〕4号	提出了标准创新型企业梯度培育工作的评价和认定、监督管理、培育与服务等具体要求。
2023年4月1日	碳达峰碳中和标准体系建设指南	国家标准化管理委员会、国家发展改革委、工业和信息化部等11部门	国标委联〔2023〕19号	提出了碳达峰碳中和标准体系建设的总体要求、标准体系框架、标准重点建设内容、国际标准化工作重点以及组织实施方案。
2023年11月28日	标准化人才培养专项行动计划（2023—2025年）	国家标准化管理委员会、教育部、科技部、人力资源社会保障部、全国工商联	国标委联〔2023〕56号	提出建立标准化人才职业能力评价机制，开展标准化领域职业技能培训和水平评价，提高标准化从业人员职业技能水平，培养一批标准编审、实施和服务能手，打造一支高素质标准化行政管理队伍。

二、中国海参产业标准总况

经在国家标准化管理委员会全国标准信息公共服务平台查询，截至2022年，已颁布的涉及海参的标准共计80项，包括国家标准6项（含食品安全国家标准1项）、行业标准24项、地方标准47项、团体标准3项（图2-1）。

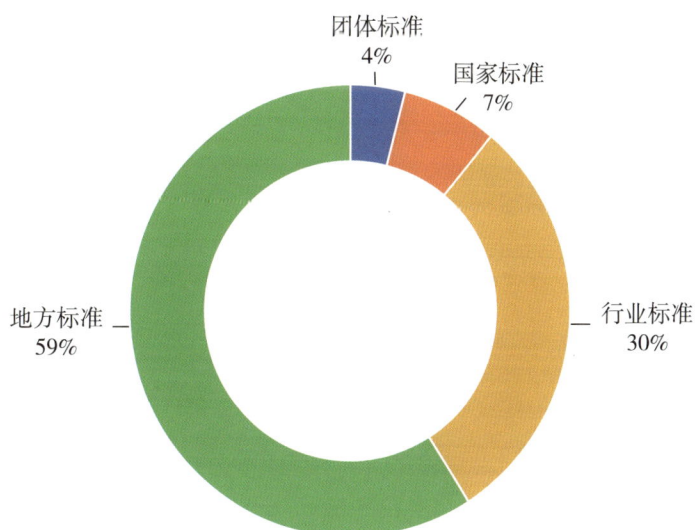

图2-1 海参不同级别标准分布情况

团体标准 4%
国家标准 7%
行业标准 30%
地方标准 59%

　　各地市的海参主产区都非常重视海参产业标准化体系的建设和管理，发布的地方标准47项中，山东省19项、辽宁省16项、江苏省4项、福建省3项、河北省1项，还有大连市、唐山市、宁波市、烟台市各1项（图2-2）。这些标准在产业发展中发挥了重要的技术支撑作用。

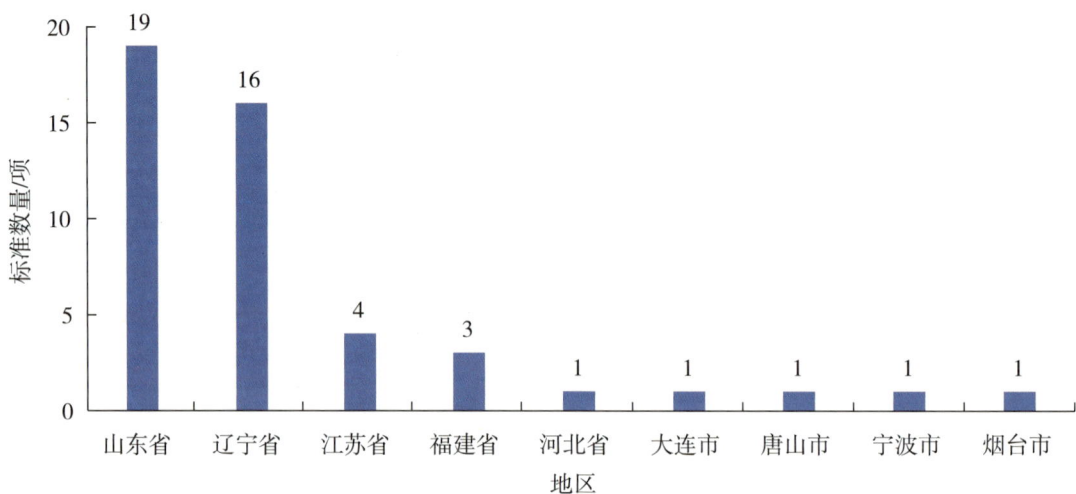

图2-2　海参地方标准区域分布情况

第二节 中国海参养殖标准化现状

中国已发布的海参养殖相关标准共61项,其中国家标准3项、行业标准15项、地方标准41项、团体标准2项,另有水产行业标准计划项目1项,涵盖了海参苗种、海参养殖技术、海参投入品3大领域。

一、海参苗种和亲参标准

截至2022年,中国已发布的海参苗种相关标准共12项,其中国家标准2项、行业标准1项、地方标准9项。9项地方标准中,山东省5项、辽宁省2项、江苏省1项、河北省1项,标准的相关信息见表2-2。

表2-2 中国已发布的海参苗种相关标准(截至2022年)

标准编号	标准名称	起草单位或地区	标准级别	实施日期
GB/T 32756—2016	刺参 亲参和苗种	黄海水产研究所等	国家标准	2017-01-01
GB/T 38583—2020	刺参	山东省海洋资源与环境研究院等	国家标准	2020-10-01
SC/T 2003—2012	刺参 亲参和苗种	黄海水产研究所等	行业标准	2012-06-01
DB37/T 1614—2010	胶东刺参苗种生产技术规程	山东省	地方标准	2010-06-01
DB37/T 2292—2013	刺参(种质)	山东省	地方标准	2013-05-01
DB37/T 2293—2013	刺参池塘生态育苗技术规范	山东省	地方标准	2013-05-01
DB37/T 2623—2014	刺参生态苗种培育技术规范	山东省	地方标准	2015 01-15
DB37/T 703—2007	刺参苗种生产技术规程	山东省	地方标准	2007-11-01
DB21/T 2770—2017	刺参池塘网箱育苗技术规范	辽宁省	地方标准	2017-04-20
DB21/T 3034—2018	仿刺参种参工程化养殖技术规范	辽宁省	地方标准	2018-10-30
DB32/T 3242—2017	仿刺参工厂化人工育苗技术规范	江苏省	地方标准	2017-06-05
DB13/T 1130—2009	刺参人工育苗技术规范	河北省	地方标准	2009-08-25

《刺参》(GB/T 38583—2020)界定了刺参的术语和定义、学名与分类,明确了刺参的主要形态(外部形态)与构造特征(体壁、消化系统、呼吸系统、水管系统、循环系

统、神经系统、生殖系统等内部构造），以及繁殖、分子遗传学特性，给出了相应指标的检测方法和判定规则，为刺参的种质鉴定和检测提供了依据。

《刺参　亲参和苗种》（GB/T 32756—2016）规定了刺参亲参、苗种的来源、规格（体重、体长）、质量要求（外观及畸形率、伤残率、安全要求），规定了相应指标的检验方法、检验规则（亲参及采捕要求、苗种及计数）、亲参和苗种的干运法和水运法的要求。该项标准的实施，为保证刺参苗种质量，提高刺参投苗的成活率，推动刺参亲参和苗种规模化生产的标准化进程起到了重要作用。

二、海参养殖技术标准

截至2022年，中国已发布的刺参养殖技术相关标准共31项，涉及刺参养殖技术规范、养殖过程质量控制等环节，涵盖了池塘养殖、底播增养殖、工厂化养殖、浮筏吊笼养殖、浅海网箱养殖、混合养殖等不同养殖模式下的技术规范，并对气象、池塘建设、采捕等提出了具体要求。31项标准中，行业标准3项、团体标准2项、地方标准26项。26项地方标准中，山东省9项、辽宁省8项、江苏省3项、福建省3项、大连市1项、唐山市1项、烟台市1项，详见表2-3。

其中，《刺参繁育与养殖技术规范》（SC/T 2074—2017）规定了刺参苗种繁育的环境条件、设施条件、亲参、采卵及授精、孵化、浮游幼体培育、稚参培育、稚幼参培育、中间培育等方面的要求，同时对池塘养殖、底播养殖和筏式吊笼养殖的环境条件、养殖池塘、参礁设置、设施、苗种投放、饲料投喂及日常管理等进行了规定；《刺参人工繁育技术规范》（SC/T 2097—2019）规定了刺参人工繁育的环境及设施、亲参培育、受精与孵化、浮游幼体培育、稚幼参培育和中间培育的技术和要求，该标准与SC/T 2074—2017繁育的部分内容是重复的。

《浅海多营养层次综合养殖技术规范　海带、牡蛎、海参》（SC/T 2111—2021）规定了海带、牡蛎、海参浅海多营养层次综合养殖的环境条件、养殖设施、苗种、日常管理和收获的技术要求。多营养层次综合养殖在不扩大养殖面积的基础上提高了养殖效率，增加了养殖总产量，还能稳定养殖环境，减少养殖废物排放，具有显著的经济、社会和生态效益。

表2-3　中国已发布的海参养殖技术相关标准（截至2022年）

标准编号	标准名称	起草单位或地区	标准级别	实施日期
SC/T 2074—2017	刺参繁育与养殖技术规范	黄海水产研究所等	行业标准	2017-10-01
SC/T 2097—2019	刺参人工繁育技术规范	黄海水产研究所等	行业标准	2019-11-01
SC/T 2111—2021	浅海多营养层次综合养殖技术规范　海带、牡蛎、海参	黄海水产研究所等	行业标准	2022-05-01
DB1302/T 542—2021	海参养殖气象服务规范	唐山市	地方标准	2022-01-20

（续）

标准编号	标准名称	起草单位或地区	标准级别	实施日期
DB21/T 1979—2012	刺参底播增殖技术规范	辽宁省	地方标准	2012-05-20
DB21/T 2688—2016	海参与对虾混养技术规程	辽宁省	地方标准	2016-11-27
DB21/T 2824.1—2017	刺参养殖技术规程 第1部分：刺参工程化海水养殖	辽宁省	地方标准	2017-09-26
DB21/T 2824.2—2017	刺参养殖技术规程 第2部分：大菱鲆-刺参工程化接力养殖	辽宁省	地方标准	2017-09-26
DB21/T 2825.1—2017	池塘混养技术规程 第1部分：刺参与中国对虾	辽宁省	地方标准	2017-09-26
DB21/T 2825.4—2017	池塘混养技术规程 第4部分：刺参与红鳍东方鲀	辽宁省	地方标准	2017-09-26
DB21/T 2825.6—2021	池塘混养技术规程 第6部分：刺参、日本对虾与斑节对虾	辽宁省	地方标准	2021-03-02
DB21/T 2825.9—2021	池塘混养技术规程 第9部分：刺参与点篮子鱼	辽宁省	地方标准	2021-03-02
DB2102/T 0048—2022	刺参养殖池塘水污染物预防与控制要求	大连市	地方标准	2022-02-27
DB32/T 2452—2013	刺参浮筏吊养技术规范	江苏省	地方标准	2014-01-20
DB32/T 2454—2013	刺参池塘养殖技术规范	江苏省	地方标准	2014-01-20
DB32/T 3297—2017	仿刺参池塘养殖技术规范	江苏省	地方标准	2017-10-25
DB35/T 1018—2010	刺参池塘养殖技术规范	福建省	地方标准	2010-07-08
DB35/T 1481—2014	仿刺参南方度夏养殖技术规范	福建省	地方标准	2015-03-02
DB35/T 1708—2017	刺参筏式养殖技术规范	福建省	地方标准	2018-03-25
DB37/T 1186—2009	刺参工厂化养殖技术规程	山东省	地方标准	2009-03-01
DB37/T 1564—2010	胶东刺参底播增殖技术规程	山东省	地方标准	2010-03-01
DB37/T 1579—2010	刺参养殖池塘建设规范	山东省	地方标准	2010-05-01
DB37/T 2068—2012	黄河三角洲刺参池塘养殖技术规程	山东省	地方标准	2012-05-01
DB37/T 2767—2016	刺参池塘中间培育技术规范	山东省	地方标准	2016-05-29
DB37/T 2943—2017	刺参浅海网箱养殖技术规范	山东省	地方标准	2017-05-14
DB37/T 3050—2017	海水养殖气象服务 刺参	山东省	地方标准	2017-12-30
DB37/T 4232—2020	刺参筏式笼养技术规范	山东省	地方标准	2020-12-26
DB37/T 4233—2020	刺参-凡纳滨对虾轮养技术规范	山东省	地方标准	2020-12-26
DB3706/T 63—2020	长岛海参增殖采捕技术规范	烟台市	地方标准	2020-11-20
T/XNXAS 001—2021	霞浦海参养殖技术规范	霞浦县农副产品产业协会	团体标准	2021-09-27
T/CROAKER 004—2020	鲍（参）养殖塑胶渔排技术规范	宁德市渔业协会	团体标准	2020-07-01

三、海参养殖投入品相关标准

截至2022年，中国已发布的与海参养殖投入品相关的标准共14项，其中国家标准1项、行业标准11项、地方标准2项。地方标准中，山东省1项、辽宁省1项，详见表2-4。投入品的相关标准主要涉及海参饲料及病害防治。

其中饲料标准有《水产配合饲料　第7部分：刺参配合饲料》（GB/T 22919.7—2008）和《刺参配合饲料》（SC/T 2037—2006），这两项标准都规定了刺参配合饲料的分类、要求、检验方法、检验规则、标识、包装、运输和贮存等，为提高海参饲料质量、增加海参养殖收益、推动海参养殖业健康高质量发展发挥了重要的作用，但这两项标准的规定内容有诸多重复，且部分条目已不适应目前海参养殖业发展的实际需求，建议进行合并修订。

与海参病害相关的标准有行业标准10项、地方标准2项。行业标准涉及水生动植物病害的术语及术语命名规则、水产养殖动物病害经济损失计算方法、水生动物产地检疫采样技术规范、水生动物检疫实验技术规范、病死水生动物及病害水生动物产品无害化处理规范、水生动物疫病风险评估通则、水生动物疫病流行病学调查规范、水生动物病原微生物实验室保存规范、水产养殖动植物疾病测报规范等，起草单位为中国水产技术推广总站、上海海洋大学、浙江大学、吉林大学等单位。现行行业标准中缺少针对海参病害的标准，目前仅有两项地方标准。

表2-4　中国已发布的海参投入品及病害防治相关标准（截至2022年）

标准编号	标准名称	起草单位或地区	标准级别	实施日期
GB/T 22919.7—2008	水产配合饲料　第7部分：刺参配合饲料	山东六和集团等	国家标准	2009-05-01
SC/T 2037—2006	刺参配合饲料	黄海水产研究所等	行业标准	2006-10-01
SC/T 7011.1—2021	水生动物疾病术语与命名规则　第1部分：水生动物疾病术语	上海海洋大学等	行业标准	2022-05-01
SC/T 7011.2—2021	水生动物疾病术语与命名规则　第2部分：水生动物疾病命名规则	上海海洋大学等	行业标准	2022-05-01
SC/T 7012—2008	水产养殖动物病害经济损失计算方法	全国水产技术推广总站等	行业标准	2008-07-01
SC/T 7103—2008	水生动物产地检疫采样技术规范	全国水产技术推广总站等	行业标准	2008-07-01
SC/T 7014—2006	水生动物检疫实验技术规范	吉林农业大学等	行业标准	2007-02-01
SC/T 7015—2022	病死水生动物及病害水生动物产品无害化处理规范	全国水产技术推广总站等	行业标准	2023-03-01
SC/T 7017—2012	水生动物疫病风险评估通则	浙江大学等	行业标准	2013-03-01
SC/T 7018—2022	水生动物疫病流行病学调查规范	全国水产技术推广总站等	行业标准	2023-03-01
SC/T 7019—2015	水生动物病原微生物实验室保存规范	上海海洋大学	行业标准	2015-05-01
SC/T 7020—2016	水产养殖动植物疾病测报规范	全国水产技术推广总站等	行业标准	2017-04-01
DB37/T 4131—2020	刺参细菌性腐皮综合征调查技术规范	山东省	地方标准	2020-10-25

（续）

标准编号	标准名称	起草单位或地区	标准级别	实施日期
DB21/T 2768—2017	刺参工程化养殖发病刺参隔离、治疗处置技术规程	辽宁省	地方标准	2017-04-20

四、中国海参养殖标准与产业发展匹配度分析

中国现行的海参养殖标准涵盖了海参种质、亲参、苗种、海参的人工繁育、海参养殖模式、养殖技术、海参饲料、病害防治及养殖设施等。这些标准在海参主产区的使用，有效推动了海参养殖的标准化生产，提高了海参产业规模化、集约化、专业化水平，促进了海参产业的健康发展，取得了显著的经济、社会和生态效益。

然而，中国海参养殖的标准体系还不完善，尤其是在病害诊断和防治、养殖设施、投入品等方面的标准十分欠缺，目前存在如下的主要问题。

（1）海参养殖新技术、新模式不断涌现，相应标准滞后

近年来，在海参育苗、海参养殖实践中，探索出很多行之有效的新方法、新模式。如大连地区的外海网箱育苗和越冬成品养殖模式、宁德霞浦的鱼排网箱养殖模式、锦州凌海的池塘小规格苗种管控养殖模式、河北大棚养成模式、大连围堰网箱养殖等各种新技术、新模式不断涌现，亟须归纳总结目前产业中已经相对成熟且应用效果良好的技术细节，制定相应的技术标准或操作规程，积极推广新技术、新模式，从而推动海参产业高质量、高效率发展。

（2）海参病害问题突出，标准缺口很大

病害是制约海参养殖产业发展的突出问题，中国目前涉及海参病害及其防控的标准还十分不足，不能有效支撑海参养殖产业健康可持续的发展，亟须制定海参养殖过程疫病调查、预防、诊断、治疗等有关的标准。与此同时，病害防控应以预防为主，通过标准的引领作用，早发现、早诊断、早处置。另外，还应积极引导养殖户科学用药。

（3）海参养殖投入品标准欠缺，亟须补充完善

目前海参养殖投入品标准仅涉及饲料，远不能满足海参殖生产的需要，如海参养殖设施标准、海参用药标准等严重不足，不能指导生产，导致海参养殖户违规用药情况严重；缺少海参养殖设施的设计要求、材料要求、安全应对措施等，亟须通过标准的制定来规范海参养殖用药，加强养殖设施材料及安全的管理，有效提升海参的安全性及养殖户生产的安全性。

（4）气象服务等配套标准缺失，无法有效应对极端天气

极端天气会给海参养殖造成巨大损失，如2018年中国北方海域经历的极端高温天气，导致海参体力不支（掉礁），夜间缺氧（出礁），直至化皮，造成海参减产6.8万t，直接经济损失达68亿元。亟须制定气象服务等配套相关标准，防范极端天气对海参养殖产业的影响，以提高应对灾害天气的预警和防控能力。

第三节 中国海参加工标准化现状

经全国标准信息公共服务平台查询，中国已发布的海参加工标准共19项，其中国家标准4项、行业标准8项、地方标准6项、团体标准1项，涵盖了海参加工产品标准、海参加工技术规范标准、海参产品检测方法标准等3大领域。

一、海参加工产品标准

截至2022年，中国已发布的海参加工产品标准共10项，其中国家标准3项、行业标准6项、团体标准1项，包括了干海参、速食（速发）干海参、盐渍海参、即食海参、海参粉（海参胶囊）等海参产品，详见表2-5。

表2-5 中国已发布的海参加工产品标准（截至2022年）

标准编号	标准名称	起草单位或地区	标准级别	实施日期
GB 31602—2015	食品安全国家标准 干海参	黄海水产研究所等	国家标准	2016-11-13
GB/T 34747—2017	干海参等级规格	黄海水产研究所等	国家标准	2018-05-01
GB/T 20709—2006	地理标志产品 大连海参	大连市质量技术监督局等	国家标准	2007-06-01
NY/T 1514—2020	绿色食品 海参及制品	农业农村部乳品质量监督检验测试中心等	行业标准	2021-01-01
SC/T 3206—2009	干海参（刺参）	黄海水产研究所等	行业标准	2009-10-01
SC/T 3215—2014	盐渍海参	黄海水产研究所等	行业标准	2014-06-01
SC/T 3307—2021	速食干海参	黄海水产研究所等	行业标准	2022-05-01
SC/T 3308—2014	即食海参	黄海水产研究所等	行业标准	2014-06-01
SC/T 3310—2018	海参粉	黄海水产研究所等	行业标准	2019-06-01
T/XNXAS 002—2021	霞浦盐渍海参	霞浦县农副产品产业协会	团体标准	2021-09-27

《食品安全国家标准 干海参》（GB 31602—2015）是中国唯一的单品种水产品强制性国家标准，干制海参类产品市场准入的基本要求，是规范海参市场的重要依据，标准的实施，有力打击了干海参中的掺杂使假行为，推动了海参产业的健康发展，促进了中国海参产品质量水平的提高。标准的主要指标见表2-6，规定了水溶性总糖、盐分、复水后干重率、含砂量等指标，有效控制了干海参掺假的行为。

表2-6 《食品安全国家标准 干海参》（GB 31602—2015）主要指标要求

项目	要求
色泽	黑褐色、黑灰色、灰色或黄褐色等自然色泽，表面或有白霜，色泽较均匀。
气味	具海参特有的鲜腥气味，无异味。
状态	呈海参自然外观，允许有少量石灰质露出，海参棘挺直、基本完整。
蛋白质（g/100 g）	≥40
水分（g/100 g）	≤15
盐分（g/100 g）	≤40
水溶性总糖（g/100 g）	≤3
复水后干重率（%）	≥40
含砂量（g/100 g）	≤3
污染物限量	应符合《食品安全国家标准 食品中污染物限量》（GB 2762—2022）中棘皮类的规定。
兽药残留限量	应符合农业部公告第235号的规定。

《干海参等级规格》（GB/T 34747—2017）规定了干海参产品质量等级、规格的要求，通过感官要求（表2-7）以及蛋白质、水分、盐分、水溶性总糖、复水后干重率、含砂量等理化指标的规定（表2-8），区分了不同等级干海参产品的质量要求。该标准对干海参产品按品质进行了分级划定，实现了干海参产品的优质优价，促进了优质产品的生产，有效提高了干海参产品质量，推动干海参市场向规范化和科学化方面发展。

表2-7 《干海参等级规格》（GB/T 34747—2017）感官要求

项目	特级	一级	二级	三级
色泽	黑褐色、黑灰色、灰色或黄褐色等自然色泽，表面或有白霜，色泽较均匀。			
气味	具海参特有的鲜腥气味，无异味。			
外观	体形肥满，刺参棘挺直、整齐、无残缺，个体坚硬，切口整齐，表面无损伤，嘴部无石灰质露出。	体形饱满，刺参棘挺直、较整齐，基本完整，个体坚硬，切口较整齐，嘴部基本无石灰质露出。		体形较饱满，刺参棘挺直，基本完整，嘴部有少量石灰质露出。
杂质	无外来杂质			
复水后	体形肥满，肉质厚实，弹性及韧性好，刺参棘挺直无残缺。	体形饱满，肉质厚实有弹性，刺参棘挺直，较整齐。		体形较饱满，肉质较厚实有弹性，刺参棘挺直，基本完整。

表2-8　《干海参等级规格》（GB/T 34747—2017）理化指标要求

项目	特级	一级	二级	三级
蛋白质（%）	≥60	≥55	≥50	≥40
水分（%）	≤15			
盐分（%）	≤12	≤20	≤30	≤40
水溶性总糖（g/100 g）	≤3			
复水后干重率（%）	≥65	≥60	≥50	≥40
含砂量（%）	≤2		≤3	

　　《干海参（刺参）》（SC/T 3206—2009），该标准的前身是《干海参（刺参）》（GB 8583—88），是中国在1988年发布的第一个关于海参的国家标准，后来调整为水产行业标准《干海参（刺参）》（SC/T 3206—1988），2009年第二次修订为《干海参（刺参）》（SC/T 3206—2009）。该标准中以水溶性还原糖、复水后干重率等指标评价干海参产品的质量品质（表2-9），并将干海参产品按质量划分为特级、一级、二级和三级。该标准的发布实施，在打击掺糖、过度掺盐干海参产品中发挥了重要的作用，同时为后来制定《食品安全国家标准　干海参》（GB 31602—2015）、《干海参等级规格》（GB/T 34747—2017）等标准奠定了基础。

表2-9　SC/T 3206—2009《干海参（刺参）》理化指标要求

项目	特级	一级	二级	三级
蛋白质（%）	≥60	≥55	≥50	≥40
水分（%）	≤15			
盐分（%）	≤12	≤20	≤30	≤40
水溶性总糖（g/100 g）	≤1.0			
复水后干重率（%）	≥65	≥60	≥50	≥40
含砂量（%）	≤1.5			≤2.0

　　《盐渍海参》（SC/T 3215—2014）、《即食海参》（SC/T 3308—2014）、《海参粉》（SC/T 3310—2018）、《速食干海参》（SC/T 3307—2021）涉及了当前在市场上受消费者普遍欢迎的海参产品类型。标准确定了产品的感官、理化指标，以及检测方法、检验规则，还对标签、包装、运输、贮存等方面进行了规定，规范了企业的生产，也为市场监管提供了执法依据。需要说明的是，海参粉产品的形式有干粉状及胶囊状（也称为海参胶囊），海参胶囊是将海参粉灌入胶囊中的一种产品形式，胶囊只是一种包材，其中可包入的内容物是多种成分的。

二、海参加工技术相关标准

截至2022年，中国已发布的海参加工技术标准共5项，其中行业标准1项、地方标准4项。地方标准中，山东省3项、辽宁省1项，详见表2-10。《干海参加工技术规范》（SC/T 3050—2017）对干海参加工的基本条件、原辅料要求、加工过程、标签、标识、贮存和生产记录等进行了规定，为干海参标准化生产提供了依据。即食海参、冻干海参等产品的加工技术规范，截至2022年，仅有山东省制定了相应的地方标准，而有关海参产品流通管理技术规范、追溯技术规程等尚未上升为行业标准。

表2-10　中国已发布的海参产品加工技术领域标准（截至2022年）

标准编号	标准名称	起草单位或地区	标准级别	实施日期
SC/T 3050—2017	干海参加工技术规范	黄海水产研究所等	行业标准	2018-06-01
DB21/T 2674—2016	海参及其制品流通管理技术规范	辽宁省	地方标准	2016-09-26
DB37/T 1781—2011	即食刺参加工技术规范	山东省	地方标准	2011-03-01
DB37/T 4031—2020	冻干刺参加工技术规范	山东省	地方标准	2020-08-09
DB37/T 4352—2021	重要产品追溯操作规程　干海参	山东省	地方标准	2021-04-11

三、海参功效成分检测方法标准

海参皂苷和海参多糖是海参的特征功效成分。中国目前针对这两类成分发布了2项检测方法标准，其中国家标准1项、行业标准1项，详见表2-11。

《海参及其制品中海参皂苷的测定　高效液相色谱法》（GB/T 33108—2016）由青岛市产品质量监督检验研究院等单位起草，该标准规定了使用高效液相色谱技术检测海参及其制品中海参皂苷（以喹诺糖计）的测定方法，喹诺糖为海参皂苷特征性单糖。

《刺参及其制品中海参多糖的测定　高效液相色谱法》（SC/T 3049—2015）由中国海洋大学等单位起草，该标准规定了使用高效液相色谱技术检测海参及其制品中海参多糖的检测方法。

这两项标准适用于检测鲜活海参以及干海参、盐渍海参、即食海参等海参制品中海参皂苷、海参多糖等特征成分的含量，为检测海参及其制品质量品质提供了重要依据。

表2-11 中国已发布的海参产品检测方法领域标准（截至2022年）

标准编号	标准名称	起草单位或地区	标准级别	实施日期
GB/T 33108—2016	海参及其制品中海参皂苷的测定 高效液相色谱法	青岛市产品质量监督检验研究院等	国家标准	2017-05-01
SC/T 3049—2015	刺参及其制品中海参多糖的测定 高效液相色谱法	中国海洋大学等	行业标准	2015-05-01

四、中国海参加工标准与产业发展匹配度分析

中国过去的海参加工大多是作坊式、经验式生产，而目前海参加工的规模化、机械化、标准化程度越来越高。产品类型多种多样，如盐渍海参、冻煮海参、干海参、即食海参、速发干海参、海参预制菜类、海参粉（海参胶囊）、海参口服液等。尽管如此，中国的海参加工产业依旧面临很多突出的问题，如传统干海参食用前须多次浸泡、煮制，导致营养和功效物质损失较大；干参品质优劣不易区分，存在以次充好现象，价格不透明；海参功能性、保健类产品种类少，难以满足不同消费人群对产品多样化、个性化的需求；产品附加值相对较低，精深加工技术水平有待提升；海参加工质量安全意识相对薄弱，生产不规范，掺杂使假问题时有发生；标准体系滞后，海参口服液、海参酒等深加工产品，由于缺乏相应的产品标准以及成熟的检测技术，产品质量良莠不齐，致使有需求的消费者没有消费信心；商业化检测存在无序竞争现象，终端流通环节管理难度大，影响了加工产业的整体发展。

中国目前的海参加工技术体系也尚不完善。如海参传统加工过程中的热处理通常会导致海参中营养成分和活性物质发生不同程度的损失，要保持海参良好的营养、质构，还须进一步探索标准化的加工工艺。以海参小分子肽、海参多糖、海参皂苷、海参功能脂质组分等为原料开发的营养保健类产品大多处于研发阶段。专利的申请情况在一定程度上代表了行业的技术活跃状态和创新能力。从全球视角来看，有关海参加工相关的专利申请，中国在数量上居首位，主要集中在食品加工，药用物质的提取与利用相对较少。

随着海参产业的发展，各级政府高度重视加工环节的增值效益，海参加工的标准体系也在逐渐完善。目前已发布的国家标准、行业标准有10余项，基本可以满足海参加工产业目前的发展需求，但也存在标准滞后于生产和市场发展的情况。以冻煮海参为例，冻煮海参是直接用鲜活海参加工而成，比盐渍海参减少了拌盐的环节，更有利于保持海参的营养成分，市场份额呈快速增长的趋势，但目前缺少相应的产品标准和技术规范标准。另外，海参肽、海参粉（海参胶囊）、海参口服液等非海参原形态的产品，以及海参预制菜等产品，需要相应的标准进行规范。加工技术标准缺口较大，目前行业标准仅有一项，尚没有针对盐渍海参、速发干海参等常见产品的加工技术规范标准。海参胶原蛋白、功能脂质等营养功效成分的检测方法标准有待相关科研技术的推进。

综上，中国目前的海参标准未实现全产业链条覆盖，养殖设施、病害防治、灾害天气预警、养殖环境监管等方面的标准较少，加工技术规程和检测方法标准缺口较大，不同养殖模式对应的关键技术参数制定机制尚不明确，养殖投入品等配套标准研究滞后。

第三章

中国海参产业标准体系建设方案

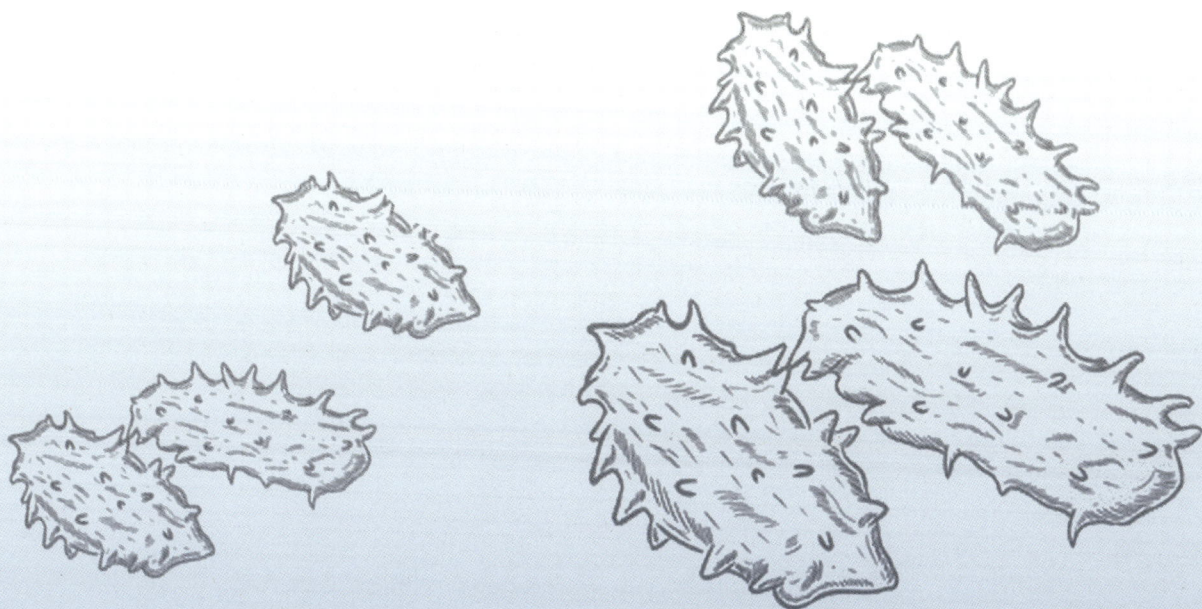

第一节 中国海参产业标准体系建设的基本框架

《标准体系构建原则和要求》（GB/T 13016—2018）对标准体系的定义是"一定范围内的标准按其内在联系形成的科学的有机整体"。标准体系又可分解成若干个分体系，每个分体系由具有内在联系的标准组成，从而形成一个科学的有机整体。每个分体系和每个标准为了完成整体体系的部分目标而具有各自的特定功能，在分体系之间和在标准之间也存在着相互制约、相互作用、相互依赖和相互补充的内在联系。在整体体系的外围也存在着环境，而且在二者之间存在着不断地相互影响和相互作用，并进行着信息和物质等的交换。标准体系同时也在不断适应环境的变化和要求。因此，标准体系是一个由标准组成的系统，通过对标准体系进行研究，从而使标准制定工作最大限度避免头痛医头、脚痛医脚的盲目状态。

在一定的系统范围内，对应有的标准体系的组成进行研究，将标准体系用图表的形式表示出来，即标准体系表。国家标准《标准体系构建原则和要求》（GB/T 13016—2018）对标准体系表定义为"一种标准体系模型，通常包括标准体系结构图、标准明细表，还可以包括标准统计表和编制说明"。定义中的"一定范围"即指标准化系统的范围，如全国的、行业的、专业的、企业的及其他的范围。定义中"一定范围"指标准体系表的层次结构、序列结构、隶属结构或矩阵结构等形式。

一、中国海参产业标准体系建设的标准分类

《中华人民共和国标准化法》第二条中规定"标准包括国家标准、行业标准、地方标准、团体标准、企业标准。国家标准分为强制性标准、推荐性标准，行业标准、地方标准是推荐性标准。强制性标准必须执行。国家鼓励采用推荐性标准"。

国家标准是指由国家标准化主管机构批准发布的，对全国经济、技术发展有重大意义，且在全国范围内统一的标准。国家标准分为强制性标准和推荐性标准。

强制性国家标准（GB）指在一定范围内通过法律、行政法规等强制性手段加以实施的标准，具有法律属性。主要是对有些涉及安全、卫生方面的进出口商品规定了限制性的检验标准，以保障人体健康和人身、财产的安全。目前市场上的其他标准都不能低于强制性标准的要求。推荐性国家标准（GB/T）又称为非强制性标准或自愿性标准，是指生产、交换、使用等方面，通过经济手段或市场调节而自愿采用的一类标准。标准一经采用，不管是强制性的还是推荐性的，都需要遵守标准的要求，同样也是需要承担法律责任的。

行业标准是指没有国家标准而又需要在全国某个行业范围内统一的技术要求。地

方标准是指在国家的某个地区通过并公开发布的标准。对没有国家标准和行业标准而又需要在省、自治区、直辖市范围内统一的工业产品的安全和卫生要求，可以制定地方标准。

地方标准由省、自治区、直辖市人民政府标准化行政主管部门编制计划，组织草拟，统一审批、编号、发布，并报国务院标准化行政主管部门和国务院有关行政主管部门备案。地方标准在本行政区域内适用。在相应的国家标准或行业标准实施后，地方标准应自行废止。地方标准代号为"DB"加上省、自治区、直辖市的行政区划代码，如福建的代码为35，福建推荐性地方标准代号：DB35/T。

团体标准由团体按照团体确立的标准制定程序自主制定发布，由社会自愿采用的标准。团体是指具有法人资格，且具备相应专业技术能力、标准化工作能力和组织管理能力的学会、协会、商会、联合会和产业技术联盟等社会团体。

企业标准是在企业范围内根据需要协调、统一的技术要求、管理要求和工作要求所制定的文件，是企业组织生产、经营活动的依据。国家鼓励企业自行制定严于国家标准或者行业标准的企业标准。企业标准由企业制定，由企业法定代表人或法定代表人授权的主管领导批准、发布。企业标准一般以"Q"开头。

二、中国海参产业标准体系建设的模型和框架

以《"十四五"推动高质量发展的国家标准体系建设规划》《国家标准化发展纲要》《"十四五"全国渔业发展规划》《农业生产"三品一标"提升行动实施方案》《农业农村部关于加快农业全产业链培育发展的指导意见》等为依据，针对中国海参产业现状与发展趋势，中国海参产业标准体系的框架结构应涵盖从海参苗种、养殖、饲料、加工、销售等产业链条的各个环节，通过标准体系的建设，推动海参产业的高质量发展。

中国海参产业标准体系构建的模型如图3-1所示。中国海参产业标准体系应在现有国家标准体系的基础上，充分借鉴并采纳现有的国家标准、行业标准、地方标准、团体标准等，因地制宜地进行系统构建，包含苗种、养殖、饲料、环境、设施、病害防控、产品质量等标准以及加工技术规范等内容。在标准体系构建过程中，应充分考虑海参产业未来的发展方向和工作重点，系统了解中国海参产业标准全局，建立健全与产业发展紧密结合的标准化管理体制。标准体系建成后，将有助于规范生产企业生产和经营，打击假冒伪劣，促进中国海参产业健康发展。

中国海参产业标准体系的框架如图3-2所示。针对中国海参产业现状和发展趋势，设计了基础通用标准、苗种标准、养殖技术标准、投入品标准、产品标准等5大类标准。该框架遵循国家标准《标准体系构建原则和要求》（GB/T 13016—2018）的具体规定，它不仅反映了海参产业发展需求，而且与国家标准、行业标准保持协调一致，通过有效融合海参产业上下游标准，搭建出一个完善、协调、高效的标准体系。

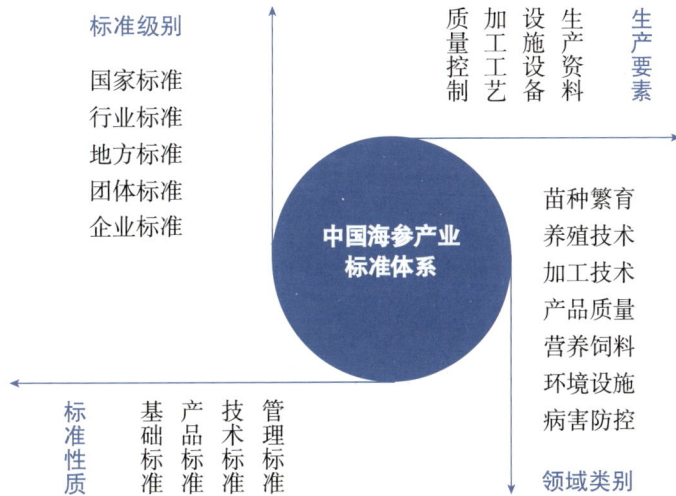

图3-1 中国海参产业标准体系构建模型

三、中国海参产业标准体系建设的结构

中国海参产业标准体系涵盖了海参全产业链的各个环节，分为5大领域，细分为16个分支（图3-2）。根据不同的细分层次，标准体系明确规定了各自对应的具体要求。

海参基础通用标准包括：术语及包装标识、海参及其制品成分检测方法、流通过程质量管理等。海参苗种标准包括：亲参和苗种要求、北参南养苗种要求、品种培育和苗种繁育。海参养殖技术标准包括：养殖技术规范、养殖过程配套服务要求、养殖设施及材料要求。海参投入品标准包括：饲料质量要求、海参病害与防控。海参产品标准包括：活鲜活冻海参原料、海参制品、海参提取物、海参预制菜产品、海参加工操作规程。

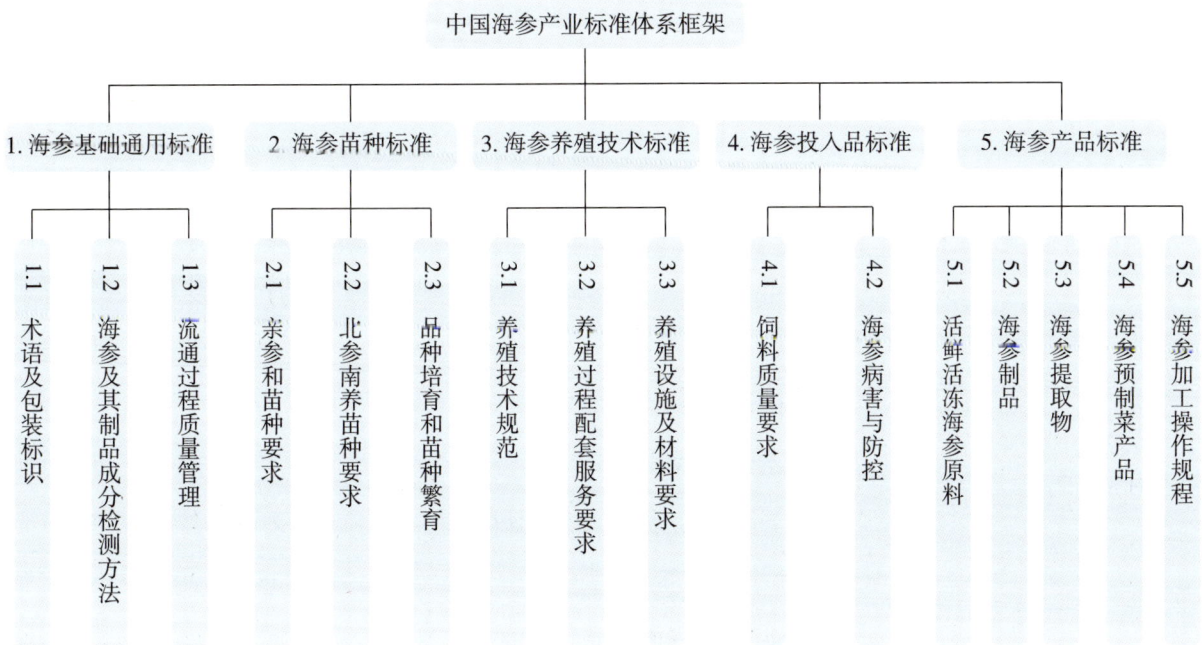

图3-2 中国海参产业标准体系构建框架

第二节 中国海参产业标准体系建设的重点内容

中国海参产业已发展成为乡村振兴、渔民富裕的支柱产业，逐步形成了较为完善的涵盖育苗、养殖、加工、流通、贸易、品牌建设等全产业链条。因此，中国海参产业标准体系的建立，既需要满足产业发展的最新要求，又要符合标准体系构建的原则和要求，从而推动中国海参产业的健康可持续发展。

一、海参基础通用标准

海参基础通用标准包括海参全产业链的术语、包装标识、抽样及成分检测、流通管理等基础通用标准，是海参产业标准体系的基础支撑，详见表3-1。在这一部分中，现行的国家及行业标准，已经制定得比较齐全，基本能够满足基础性的要求，如术语、包装、标识/标签、冷链物流、溯源管理，以及各类的检测方法等，包括企业HACCP（危害分析与关键控制点）流通管理体系、认证管理、冷链物流、溯源管理均可参照现行的国家及行业标准的规定执行。针对中国海参产业需要，目前缺少国家及行业标准，还需要制定检测方法标准，如《海参及其制品中总糖的测定》等，用于检测海参中的营养及特效成分，评价海参的品质和营养；《海参产地鉴别技术规范》标准用于区分不同地理产地的海参产品，解决目前海参产品产地标识混乱的问题。《海参冷链物流技术规范》《海参产地追溯规范》等标准可以参照现行国家标准规定，针对海参产业的特点，制定有地方特色的相应的技术要求。

表3-1　海参基础通用标准体系构建

类型	标准名称	标准编号或计划	标准级别
1.1 术语及包装标识	食品安全国家标准　预包装食品标签通则	GB 7718—2011	国家标准
	渔业资源基本术语	GB/T 8588—2001	国家标准
	食品安全国家标准　预包装特殊膳食用食品标签	GB 13432—2013	国家标准
	海洋学术语　海洋生物学	GB/T 15919—2010	国家标准
	水产养殖术语	GB/T 22213—2008	国家标准
	冷藏、冷冻食品物流包装、标志、运输和储存	GB/T 24616—2019	国家标准
	水产品加工术语	GB/T 36193—2018	国家标准
	水产品包装、标识通则	SC/T 3035—2018	行业标准
	水生动物疾病术语与命名规则　第1部分：水生动物疾病术语	SC/T 7011.1—2021	行业标准

（续）

类型	标准名称	标准编号或计划	标准级别
1.1 术语及包装标识	水生动物疾病术语与命名规则　第2部分：水生动物疾病命名规则	SC/T 7011.2—2021	行业标准
1.2 海参及其制品成分检测方法	水产品抽样规范	GB/T 30891—2014	国家标准
	海参及其制品中海参皂苷的测定　高效液相色谱法	GB/T 33108—2016	国家标准
	水产品感官评价指南	GB/T 37062—2018	国家标准
	刺参及其制品中海参多糖的测定　高效液相色谱法	SC/T 3049—2015	行业标准
	海参及其制品中总糖的测定	待制定	地方标准
1.3 流通过程质量管理	食品安全国家标准　食品冷链物流卫生规范	GB 31605—2020	国家标准
	水产品流通管理技术规范	GB/T 24861—2010	国家标准
	水产品冷链物流服务规范	GB/T 31080—2014	国家标准
	水产企业HACCP管理体系认证指南	SC/T 0003—2006	行业标准
	养殖水产品可追溯标签规程	SC/T 3043—2014	行业标准
	养殖水产品可追溯编码规程	SC/T 3044—2014	行业标准
	养殖水产品可追溯信息采集规程	SC/T 3045—2014	行业标准
	海参冷链物流技术规范	待制定	行业标准
	海参产地追溯规范	待制定	行业标准
	海参产地鉴别技术规范	待制定	行业标准
	重要产品追溯操作规程　干海参	DB37/T 4352—2021	山东省地方标准

二、海参苗种标准

种质是海参产业发展的基础。现行的国家及行业标准《刺参　亲参和苗种》（GB/T 32756—2016）《刺参》（GB/T 38583—2020）和《刺参人工繁育技术规范》（SC/T 2097—2019）可为海参苗种相关工作提供依据和指导。考虑到北参南养的养殖特点，将北方的海参运往南方进行养殖，需要针对苗种制定相关的要求和南方海参本土化育苗及培育的技术规范（表3-2），重点开展海参苗种培育过程中的标准研究，进而推进本土群体的良种选育及新品种（系）产业化进程。

表3-2　海参苗种标准体系构建

类型	标准名称	标准编号或计划	标准级别
2.1 海参亲参和苗种	刺参　亲参和苗种	GB/T 32756—2016	国家标准
	刺参	GB/T 38583—2020	国家标准
	水产新品种生长性能测试　海参	待制定	行业标准
	刺参（种质）	DB37/T 2292—2013	山东省地方标准
2.2 北参南养苗种	北参南养　刺参苗种市场准入要求	待制定	地方标准
	北参南养　刺参投苗技术规范	待制定	地方标准
	北参南养　刺参苗种运输技术规范	待制定	地方标准
2.3 海参苗种培育和苗种繁育	刺参人工繁育技术规范	SC/T 2097—2019	行业标准
	工厂化刺参大规格苗种培育技术规范	待制定	行业标准
	浅海网箱刺参大规格苗种培育技术规范	待制定	行业标准
	陆基池塘刺参大规格苗种培育技术规范	待制定	行业标准
	水产原种、良种场生产管理规范　棘皮类	待制定	行业标准
	水产新品种试验技术规程　棘皮类	待制定	行业标准
	水产选择育种技术规范　棘皮类	待制定	行业标准
	水产杂交育种技术规范　棘皮类	待制定	行业标准
	刺参苗种生产技术规程	DB37/T 703—2007	山东省地方标准
	胶东刺参苗种生产技术规程	DB37/T 1614—2010	山东省地方标准
	刺参池塘生态育苗技术规范	DB37/T 2293—2013	山东省地方标准
	刺参生态苗种培育技术规范	DB37/T 2623—2014	山东省地方标准
	刺参池塘网箱育苗技术规范	DB21/T 2770—2017	辽宁省地方标准
	仿刺参种参工程化养殖技术规范	DB21/T 3034—2018	辽宁省地方标准
	仿刺参工厂化人工育苗技术规范	DB32/T 3242—2017	江苏省地方标准
	刺参人工育苗技术规范	DB13/T 1130—2009	河北省地方标准
	南方刺参人工繁育技术规范	待制定	地方标准

　　考虑到南方海参养殖的特点，需要增加北参南养苗种要求，《北参南养　刺参苗种市场准入要求》《北参南养　刺参投苗技术规范》《北参南养　刺参苗种运输技术规范》等标准针对当前北方苗种质量安全不可控的情况，加强北方苗种的验收和质量认证，加强投苗的技术管理，加强运输管理，提高养殖的成活率。

其中，《北参南养　刺参苗种市场准入要求》是亟须制定的标准，该标准有助于管控海参苗种的质量安全隐患，提升南方海参苗种质量，从源头上解决药残超标等潜在风险。《北参南养　刺参苗种运输技术规范》标准则针对苗种的转运操作、运输车要求等要素进行规定。《北参南养　刺参投苗技术规范》标准对投苗时间、地点、状态、水质等核心要素进行规定，指导海参投苗生产，降低海参苗种的应激反应，提升缓苗成活率。

霞浦海参苗种本土化取得重要进展，已实现了南方海参育苗的本土化，霞浦海参养殖模式将会发生重大的改变，为有效指导养殖户的生产操作，需要制定相关标准进行规范，如《南方刺参人工繁育技术规范》《刺参大规格苗种工厂化培育技术规范》等标准。两项标准针对南方海参育苗的本土化繁育海参苗种的技术规范进行规定，加强规范化管理，促进本地种业发展的关键环节，对推动南方苗种规模化生产的标准化进程具有重要意义。

三、海参养殖技术标准

海参养殖是全产业链条中的关键环节，也是海参标准体系构建的核心内容。海参养殖技术标准包含了海参养殖技术规范、养殖配套服务要求、养殖设施及材料的相关标准，详见表3-3。

海参养殖技术及渔业水质已有现行的国家标准引用参照，另外应在现有国家及行业标准的基础上，针对海参养殖特点，提出南方海参技术规范。制定地方标准应具有地域特色，可参照现行的行业标准《刺参繁育与养殖技术规范》（SC/T 2074—2017）、地方标准《刺参筏式养殖技术规范》（DB35/T 1708—2017），修订地方标准《霞浦刺参筏式养殖技术规范》。根据当前的养殖模式的发展趋势，可将《刺参工厂化养殖技术规范》《刺参浅海网箱养殖技术规范》《刺参池塘养殖技术规范》（DB35/T 1018—2010）、《霞浦刺参底播增殖技术规范》等标准列入体系表中，作为未来可能的发展方向。

表3-3　海参养殖技术标准体系构建表

类型	标准名称	标准编号或计划	标准级别
3.1 海参养殖技术	浅海多营养层次综合养殖技术规范　海带、牡蛎、海参	SC/T 2111—2021	行业标准
	刺参繁育与养殖技术规范	SC/T 2074—2017	行业标准
	刺参人工繁育技术规范	SC/T 2097—2019	行业标准
	刺参浅海网箱养殖技术规范	待制定	行业标准
	刺参工厂化养殖技术规范	待制定	行业标准
	岛礁资源增殖养护技术规范　海参	待制定	行业标准
	仿刺参南方度夏养殖技术规范	DB35/T 1481—2014	福建省地方标准
	刺参池塘养殖技术规范	DB35/T 1018—2010	福建省地方标准
	刺参筏式养殖技术规范	DB35/T 1708—2017	福建省地方标准

（续）

类型	标准名称	标准编号或计划	标准级别
3.1 海参养殖技术	海参与对虾混养技术规程	DB21/T 2688—2016	辽宁省地方标准
	刺参养殖技术规程　第1部分：刺参工程化海水养殖	DB21/T 2824.1—2017	辽宁省地方标准
	刺参养殖技术规程　第2部分：大菱鲆-刺参工程化接力养殖	DB21/T 2824.2—2017	辽宁省地方标准
	池塘混养技术规程　第1部分：刺参与中国对虾	DB21/T 2825.1—2017	辽宁省地方标准
	池塘混养技术规程　第4部分：刺参与红鳍东方鲀	DB21/T 2825.4—2017	辽宁省地方标准
	池塘混养技术规程　第6部分：刺参、日本对虾与斑节对虾	DB21/T 2825.6—2021	辽宁省地方标准
	池塘混养技术规程　第9部分：刺参与点篮子鱼	DB21/T 2825.9—2021	辽宁省地方标准
	刺参浮筏吊养技术规范	DB32/T 2452—2013	江苏省地方标准
	刺参南移吊笼养殖技术规范	DB3302/T 152—2018	宁波市地方标准
	胶东刺参底播增殖技术规程	DB37/T 1564—2010	山东省地方标准
	刺参养殖池塘建设规范	DB37/T 1579—2010	山东省地方标准
	黄河三角洲刺参池塘养殖技术规程	DB37/T 2068—2012	山东省地方标准
	刺参池塘中间培育技术规范	DB37/T 2767—2016	山东省地方标准
	刺参筏式笼养技术规范	DB37/T 4232—2020	山东省地方标准
	刺参-凡纳滨对虾轮养技术规范	DB37/T 4233—2020	山东省地方标准
	长岛海参增殖采捕技术规范	DB3706/T 63—2020	烟台市地方标准
	霞浦刺参底播增殖技术规范	待制定	地方标准
3.2 海参养殖过程配套服务	海水水质标准	GB 3097—1997	国家标准
	渔业水质标准	GB 11607—1989	国家标准
	水产养殖质量安全管理规范	SC/T 0004—2006	行业标准
	水产养殖的量、单位和符号	SC/T 1088—2007	行业标准
	刺参养殖环境要求	待制定	行业标准
	海参养殖产量验收方法	待制定	行业标准
	棘皮动物养殖容量评估技术规范	待制定	行业标准
	海水养殖气象服务　刺参	DB37/T 3050—2017	山东省地方标准
	刺参养殖池塘水污染物预防与控制要求	DB2102/T 0048—2022	大连市地方标准
3.3 养殖设施及材料	鲍（参）养殖塑胶渔排技术规范	待制定	地方标准
	刺参筏式养殖吊笼要求	待制定	地方标准
	刺参养殖网箱要求	待制定	行业标准
	刺参工厂化养殖基本设施要求	待制定	行业标准

《岛礁资源增殖养护技术规范 海参》标准是根据习近平总书记"构建生态廊道和生物多样性保护网络，提升生态系统质量和稳定性"的战略部署提出。

《海参养殖产量验收方法》标准主要用于规范海参养殖产量验收程序和验收方法，实现客观、公正、科学地评价海参新品种、新技术、新设备或新模式在实际养殖生产中的应用成效。

养殖环境是影响海参养殖过程质量的不可忽视的主要因素，亟须加强对养殖环境的综合调查与评估，根据养殖海区具体情况确定科学的养殖容量，降低可能出现的养殖风险，同时最大限度保护产地环境。《刺参养殖环境要求》行业标准针对南方海参以筏式吊笼养殖为主的现状，重点要解决局部海区养殖密度大可能造成环境恶化、影响养殖效率的问题。

由气象原因导致海参减产的情况屡屡发生，尤其是2018年极端高温天气造成北方养殖海参大幅度减产。为有效降低极端天气对海参养殖的影响，需要制定《海参养殖气象服务规范》行业标准，针对高温、暴雨、寒潮、台风、风暴潮等可能对海参养殖造成巨大损失的极端灾害天气，根据不同养殖阶段，如海参放苗期、收获期等，提出气象服务预报预警、防范措施等，进而提高海参养殖的抗灾害能力，为海参养殖产业发展保驾护航。

养殖设施既是海参养殖高质量高产量的基本保证，也是对环境友好、绿色环保、无污染的可持续发展的保证。实施渔业设施升级改造，能够有效地改善渔业环境，提高安全性，降低对海域的污染。因此需要加强对设施设计的合理性、安全性及所使用材料的规定，应用的环保材料，不能对养殖环境、海洋、产品造成污染。建议对《鲍（参）养殖塑胶渔排技术规范》《刺参筏式养殖吊笼要求》《刺参养殖网箱要求》《刺参工厂化养殖基本设施要求》等进行规定。

四、海参养殖投入品标准

海参投入品标准包括饲料质量要求、海参病害与防控等，这部分标准的缺口比较大，详见表3-4。

表3-4 海参养殖投入品标准体系构建

类型	标准名称	标准编号或计划	标准级别
4.1 海参饲料质量要求	水产配合饲料 第7部分：刺参配合饲料	GB/T 22919.7—2008	国家标准
	刺参配合饲料	SC/T 2037—2006	行业标准
	参鲍饲料用海带	待制定	地方标准
	刺参饲料投喂操作规范	待制定	行业标准
4.2 海参病害防控	水产养殖动物病害经济损失计算方法	SC/T 7012—2008	行业标准
	水生动物检疫实验技术规范	SC/T 7014—2006	行业标准

（续）

类型	标准名称	标准编号或计划	标准级别
	病死水生动物及病害水生动物产品无害化处理规范	SC/T 7015—2022	行业标准
	水生动物疫病风险评估通则	SC/T 7017—2012	行业标准
	水生动物疫病流行病学调查规范	SC/T 7018—2022	行业标准
	水生动物病原微生物实验室保存规范	SC/T 7019—2015	行业标准
	水产养殖动植物疾病测报规范	SC/T 7020—2016	行业标准
	水生动物产地检疫采样技术规范	SC/T 7103—2008	行业标准
	刺参细菌性腐皮综合征调查技术规范	DB37/T 4131—2020	山东省地方标准
4.2 海参病害防控	刺参工程化养殖发病刺参隔离、治疗处置技术规程	DB21/T 2768—2017	辽宁省地方标准
	刺参养殖药品使用指南（明白纸）	待制定	地方标准
	刺参病害防控技术规范	待制定	行业标准
	刺参疾病诊断与病原鉴定技术指南	待制定	行业标准
	刺参腐皮综合征诊断规程	待制定	行业标准
	刺参腐皮综合征防治技术规范	待制定	行业标准
	刺参细菌性肠炎病诊断规程	待制定	行业标准
	刺参细菌性肠炎病防治技术规范	待制定	行业标准
	刺参后口虫病诊断规程	待制定	行业标准
	刺参后口虫病与防治技术规范	待制定	行业标准

　　饲料方面，南方海参养殖饲料主要是以海带为主料，在养殖后期会添加一定比例的鱼糜，饲料利用率低，特别是筏式吊笼养殖模式在局部海区的养殖密度大，会有大量含有动物蛋白的残饵落入并聚集在海区底部。需要科学合理投喂，提升饲料利用率，保护海洋环境，降低可能出现的养殖风险。因此亟须制定《刺参饲料投喂操作规范》《参鲍饲料用海带》等地方标准或行业标准。

　　中国一直加强水产养殖的用药管理，要求依法使用水产养殖用兽药。特别是2020年7月20日，农业农村部发布了《关于加强海参养殖用药监管的紧急通知》，明确了水产养殖生产过程中除合法使用水产养殖用兽药、水产养殖饲料以外，不得使用其他投入品，严格规范海参养殖敌敌畏、除草剂等化学农药的使用，严禁使用孔雀石绿、硝基呋喃、氯霉素等禁用药品，严厉打击企业无证经营以及违法销售药物等行为。由此，针对海参养殖环节可能存在的药物滥用现象和监管漏洞，亟须制定《刺参养殖药品使用指南》标准，也称为刺参养殖用药明白纸，主要用以规范海参养殖日常生产，特别是养殖过程中用药行为（包含预防用药及治疗用药），并指导渔民科学用药，建立规范的养殖生产过程用药记录等，推动海参养殖产业向绿色、生态、可持续的方向发展。

海参病害给海参养殖造成巨大经济损失，虽然中国学者在海参病原鉴定、防治方面已开展了大量工作，但目前缺少相应的国家及行业标准指导海参养殖生产中的病害诊断及防控。考虑当前海参养殖过程中病害的发病率及当前科研成果，重点制定《刺参病害防控技术规程》《刺参疾病诊断与病原鉴定技术指南》《刺参腐皮综合征诊断规程》《刺参细菌性肠炎病诊断规程》《刺参后口虫病诊断规程》五项标准，针对海参养殖常见疾病，规范海参疾病诊断与检测的标准流程，引导海参病害防控由传统的单一使用抗生素和化学药物向多层次、全方位的防控手段过渡。

五、海参产品标准

海参加工产品缺少具有鲜明特色的优质品牌。为提升海参在全国海参市场的知名度和产业影响力，需要树立质优价实的品牌形象，充分发挥标准在区域品牌建设中的作用就显得尤为重要。

现有的国家及行业标准，基本涵盖了当前市场常见海参产品，详见表3-5。

表3-5 海参加工产品标准体系构建

类型	标准名称	标准编号或计划	标准级别
5.1 活鲜冻海参原料	地理标志产品 霞浦海参	待制定	地方标准
	冻煮海参	待制定	行业标准
	地理标志产品 大连海参	GB/T 20709—2006	国家标准
5.2 海参制品	食品安全国家标准 干海参	GB 31602—2015	国家标准
	干海参等级规格	GB/T 34747—2017	国家标准
	干海参（刺参）	SC/T 3206—2009	行业标准
	速食干海参	SC/T 3307—2021	行业标准
	海参粉	SC/T 3310—2018	行业标准
	盐渍海参	SC/T 3215—2014	行业标准
	即食海参	SC/T 3308—2014	行业标准
	绿色食品 海参及制品	NY/T 1514—2020	行业标准
	海参肽	待制定	行业标准
5.3 海参提取物	海参多糖制剂	待制定	地方或团体标准
	海参口服液	待制定	地方或团体标准
5.4 海参预制菜产品	海参预制菜分类与名称	待制定	地方或团体标准
	海参预制菜术语	待制定	地方或团体标准
	海参预制菜加工通用要求	待制定	行业标准

（续）

类型	标准名称	标准编号或计划	标准级别
5.4海参预制菜产品	海参预制菜流通通用要求	待制定	地方或团体标准
	海参预制菜包装通用要求	待制定	地方或团体标准
	海参预制菜追溯规范	待制定	地方或团体标准
5.5海参加工操作规程	干海参加工技术规范	SC/T 3050—2017	行业标准
	即食海参加工技术规程	待制定	行业标准
	即食刺参加工技术规范	DB37/T 1781—2011	山东省地方标准
	冻干刺参加工技术规范	DB37/T 4031—2020	山东省地方标准
	冻煮海参加工技术规程	待制定	地方标准
	盐渍海参加工技术规程	待制定	行业标准
	海参粉（胶囊）加工技术规程	待制定	地方标准
	海参口服液加工技术规程	待制定	地方标准
	海参肽加工技术规程	待制定	地方标准
	海参多糖制剂加工技术规程	待制定	地方标准

海参产品标准主要包含五类，一是活鲜冻海参原料，如霞浦海参、大连海参；二是各类加工的海参制品，如干海参、盐渍海参等；三是海参提取物类的制品；四是海参预制菜类产品；五是海参加工操作规程。主要目的是规范生产，提升产品质量以及加强生产过程管理。

目前，缺少能体现地域特色的海参制品及相关标准，如《地理标志产品　霞浦海参》地方标准，不仅能够突出福建霞浦海参产品的特色和优势，更能够充分发挥示范引领作用，创立霞浦海参的名片、提升霞浦海参的地域知名度和品牌竞争力。

冻煮海参，也称为"海参冻煮料"，近几年的生产发展较快，也是海参的主要产品和重要原料之一。但在不同地区、不同企业的加工工艺和产品质量差别很大，目前尚没有相关的国家/行业/地方标准，亟须制定《冻煮海参》标准，规范冻煮海参产品的标准化生产提供。

海参肽、海参多糖制剂、海参口服液目前尚无相应的国家/行业/地方等标准，此类标准的制定，将有效规范海参非原形态产品的质量品质，有助于推动海参加工的多元化深加工发展、多层次利用、多环节增值。以海参加工副产物为原料生产的功能性产品众多，市场空间大，既有助于实现变废为宝、节能减排、提高产品的附加值，同时也可助力"健康中国"的国家战略。

随着预制菜产业的蓬勃发展，海参预制菜在电商平台和各种零售渠道的销量节节攀升。《海参预制菜分类与名称》《海参预制菜术语》《海参预制菜加工通用要求》《海参预制菜流通通用要求》《海参预制菜包装通用要求》以及《海参预制菜追溯通用要求》，将全面规定海参预制菜的定义、品类，同时对加工、包装及流通等进行要求，从标准角度为海参预制菜产业发展提供支撑。

《即食海参加工技术规程》《冻煮海参加工技术规程》《盐渍海参加工技术规程》《海参多糖制剂加工技术规程》《海参口服液加工技术规程》等加工操作规程标准的制定，有助于推进海参加工标准化、管理规范化和科学化进程，同时为主管部门指导、监督、检查海参产品生产提供依据。

第三节　中国海参产业标准制定规划

基于中国海参产业发展的近期和中长期目标，针对产业现状和需求的迫切程度，综合考量标准项目的预研、立项、制定、发布实施等环节的实操和管理，遵循"先急后缓"的基本原则，从产业发展需要的紧迫性、相关科研发展的技术成熟度、与现行标准法规的协调性等多方面考虑，提出中国海参产业标准制定规划，见表3-6。

表3-6　中国海参产业标准制定规划

标准名称（建议）	立项理由
海参养殖产量验收方法	规范海参养殖产量验收程序和验收方法，客观、科学地评价海参新品种、新技术、新设备或新模式在实际生产中的应用成效。
北参南养　刺参苗种市场准入要求	有助于管控海参苗种的质量安全隐患，提升南方海参投苗质量，从源头上解决药残超标等潜在风险。
北参南养　刺参投苗技术规范	对投苗时间、地点、状态、水质等核心要素进行规定，有效指导海参投苗生产，大幅降低海参苗种的应激反应，提升缓苗成活率。
北参南养　刺参苗种运输规范	针对苗种的转运操作、运输车要求等要素进行规定，保障海参苗种质量。
刺参病害防控技术规范	规范海参种类常见病害的预防和控制，当前海参病害防控技术已经成熟，需要制定技术规范，指导生产，保证海参养殖的健康、高质量发展。
刺参腐皮综合征诊断规程	腐皮综合征也称"化皮病""皮肤溃烂病"，是养殖海参最常见、危害最大的疾病之一。海参苗种培育期和养成期均易感染该病，初冬11月至次年4月初是此病高发期，死亡率可达80%以上，亟须制定标准，规范海参腐皮综合征的诊断与防治，指导海参病害防控，保证海参养殖的健康、高质量发展。
刺参细菌性肠炎病诊断规程	细菌性肠炎病是海参苗种培育期和养成期的常见疾病，以室内工厂化保苗期、浅海网箱大规格苗种培育期发病较为严重。该病属于慢性病，会导致海参生长缓慢，累计死亡率达30%~50%。当前诊断与防控技术成熟，亟须制定标准，规范疾病诊断与治疗，指导海参病害防控，保证海参养殖的健康、高质量发展。
刺参后口虫病诊断规程	后口虫病是海参养殖常见病，后口虫专性寄生在海参呼吸树，造成组织损伤和溃烂，导致海参排脏，排脏后丧失摄食能力，参体消瘦，活力减弱，容易由其他病原引起继发性感染，是海参养殖过程的主要病害之一。当前诊断与防控技术成熟，亟须制定标准，规范海参疾病诊断与治疗，指导海参病害防控，保证海参养殖的健康、高质量发展。
霞浦海参人工繁育技术规范	该项标准锚定的是海参种业发展的关键环节，对推动海参苗种规模化生产的标准化进程具有重要意义。
刺参大规格苗种工厂化培育技术规范	对工厂化大规格苗种培育的环境条件、培育设施、苗种选择、布苗、饲料制备与投喂、环境调控、病害防控、收获与运输等进行规定，提供可复制、可推广的技术模式，推动当地海参苗种规模化生产的标准化进程。

（续）

标准名称（建议）	立项理由
冻煮海参 冻煮海参加工技术规程	海参冻煮料发展较快，但是相关的加工工艺和产品质量缺少标准进行规范，质量差别很大，目前尚没有相关国家及行业标准。亟须制定标准，为冻煮海参产品的规范化、标准化生产提供依据。
刺参养殖环境要求	养殖环境是影响海参养殖过程质量的主要因素。针对海参以筏式吊笼养殖为主的现状，解决局部海区养殖密度大造成环境恶化、养殖效率低的问题。
地理标志产品 霞浦海参	树立霞浦海参标杆典范，充分发挥示范引领作用，提升福建霞浦海参产品的知名度和品牌竞争力。
参鲍饲料用海带	确保投入品的质量能够满足生产需要，提升饵料利用率，保护养殖环境，提升海参品质。
刺参饲料投喂操作规范	实现科学合理投喂，提升饲料利用率，保护海参养殖环境，降低可能出现的养殖风险。
刺参养殖药品使用指南 （明白纸）	针对海参养殖环节可能存在的药物滥用现象和监管漏洞，规范海参养殖日常生产、用药行为，指导参农科学用药。
刺参疾病诊断与病原鉴定技术指南	规范海参疾病诊断与检测的标准流程，引导海参病害防控。
海参冷链物流技术规范	针对盐渍海参、冻煮海参、即食海参等贮运流通全程需要冷链的现状，规范冷库和运输的管理要求，降低海参产品的贮运损失。
海参预制菜加工 通用要求	规范海参预制菜加工生产，保证产品质量。
盐渍海参加工技术规程	推进海参制品加工标准化、管理规范化和科学化进程。
即食海参加工技术规程	推进海参制品加工标准化、管理规范化和科学化进程。
海参预制菜分类与名称 海参预制菜术语 海参预制菜包装 通用要求	随着预制菜产业的蓬勃发展，海参预制菜在电商平台和各种零售渠道的销量节节攀升，应全面规定海参预制菜的定义、品类，同时对加工、包装以及流通等进行要求，从标准角度为海参预制菜产业发展提供支撑。
海参产地追溯规范	为海参匹配身份标识，标准化记录海参从生产、流通到消费的全流程信息，以便消费者、企业及监管部门溯源查验。
海参产地鉴别技术规范	区分不同地理产地的海参产品，解决目前海参产品产地标识混乱的问题。
海参及其制品中黏多糖的测定	黏多糖是海参中重要的营养成分，目前尚无相关的国家及行业标准，需要制定标准，用于评价海参的营养。
海参及其制品中总糖的测定	总糖是海参中重要的营养成分，目前尚无相关的国家及行业标准，需要制定标准，用于评价海参的营养。
刺参养殖气象服务规范	根据海参放苗期、收获期等养殖不同阶段，提供气象服务，如应对灾害天气的预报预警、防范措施等，进而提高海参养殖的抗灾害能力，避免高温、暴雨、寒潮、台风、风暴潮极端灾害天气对海参养殖造成巨大损失。
鲍（参）养殖塑胶渔排技术规范	养殖塑胶渔排是重要的生产资料，其材料安全性既能保证从事养殖的渔民安全也能保证养殖产品的安全。材料绿色无污染是保证海洋环境可持续发展的重要条件，需要将原团体标准修改为地方标准，从而发挥更重要的作用。
刺参工厂化养殖基本设施要求	针对地域特色、天气特点，提出工厂化养殖的厂房建设的地址选择、设计以及基本设施的要求等。

第四章

中国海参产业发展与标准化工作建议

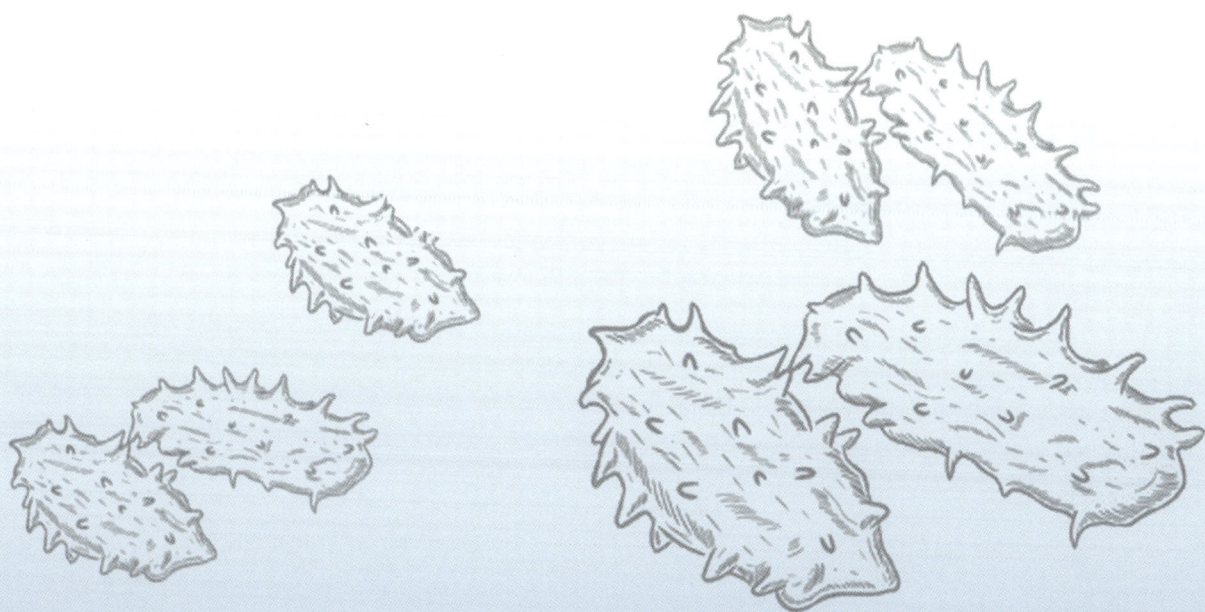

第一节 中国海参产业发展建议

一、加强基础科技攻关，推进海参产品创新

为有效解决中国海参苗种、养殖、加工、流通等环节的"卡脖子"问题，应加强与科研院所的交流合作，加大科研投入，支撑海参优良品种选育技术、苗种繁育技术、病害绿色防治技术、生态高效养殖技术、高值化加工等关键技术的创新，加快本土群体的良种选育、苗种繁育及新品种（系）产业化进程，推动海参病害防控由传统的简单使用抗生素或化学药物向多层次、全方位的绿色防控技术升级，构建适宜不同生境的高效生态养殖新技术、新装备和新模式，开发高值化、高端化海参新产品，满足人民群众对海参产品优质化、多样化、方便化以及安全营养的需求。

二、推广新型增养殖模式，增加研发技术投入

基于市场需求，集成优化清洁能源应用、资源化利用、机械化操作、信息化智能化管理等现代化生产技术，研发推广以海参为主的多品种循环养殖、立体养殖等新型生态养殖模式，在良种的基础上大幅度提高养殖水平，实现产量、质量与环境保护均衡发展；在病害防控与营养需求等相关基础研究领域，加大绿色高效疫苗、微生物制剂、免疫增强剂等生物安全产品的研发投入，加大藻类饲料蛋白源替代品的研发力度，开发环保、稳定、低成本、低氨氮产生的安全高效配合饲料产品。

三、大力发展海参加工业，明晰产品市场定位

加快生物技术在海参产品加工以及功效因子高效制备中的应用研究，加强海参副产物资源在食品、医药、保健等领域功能产品开发中的高值化拓展利用，推行绿色环保加工技术，促进多态型海参加工产品发展，重点研发营养物质保留率和人体消化率高、食用方便、原生态型的加工产品，构建丰富合理的产品线以提升利润空间、扩大市场空间。开发以产品定位、市场定位为核心的战略型产品，拓展多层次市场。深度挖掘海参文化内涵，大力开展产品相关知识宣贯。

面向大众消费群体，研发免发、即食、原生态型加工产品；各类海参加工产品的市场定位及目标人群随着产业发展进一步精准化，盐渍海参、各类干海参、即食海参及其他形态加工产品的市场占比更加明晰，产品层次化程度提高，面向不同人群的海参消费产品更加丰富。随着人们对海参营养、保健价值认知的提高和对营养健康的注重，主观消费意愿将不断增强，海参产品的市场占有率会进一步稳固。

四、加强配套服务，推动产业升级

在金融配套服务方面，多层次、多渠道加大财政投入，稳定支持良种选育、生态资源养护等公益性、基础性的研究开发，加大支持节能减排、资源化利用以及设施化、智能化等工业化生产技术和产品研发，持续加强对产业基础科学创新的保障作用。在延伸产业链条方面，线上线下齐发力，创新产销对接机制。系统构建从苗种、养殖、加工、流通到销售的海参全链条质量追溯管理平台，加大对龙头企业的扶持力度，引导企业推行规范化生产、品牌化经营、电子化追溯。

第二节　中国海参产业标准化工作建议

一、推动标准化与科技创新互动发展

（一）加强关键技术领域标准研究

在海参养殖、加工、流通等领域，开展标准化研究。在海参病害与灾害预警、食品营养功能评价、生物资源高质化利用、区块链等应用前景广阔的技术领域，同步部署技术研发、标准研制与产业推广，加快新技术产业化步伐。研究制定养殖、加工、流通等全产业链关键技术标准，推动产业变革。适时制定和完善生物医学研究、分子育种、病害防治等领域技术相关标准，提升技术领域标准储备管理水平。

（二）以科技创新提升标准水平

建立海参产业重大科技项目与标准化工作联动机制，将标准作为科技计划的重要产出，强化标准核心技术指标研究，重点支持基础通用、产业共性技术、新兴产业和融合技术等领域标准研制。及时将先进适用的科技创新成果融入标准，提升海参全产业链标准化水平。对符合条件的重要技术标准按规定给予奖励，激发全社会标准化创新活力。

（三）健全科技成果转化为标准的机制

完善海参产业科技成果转化为标准的评价机制和服务体系，推进科技成果评价服务等标准化工作。完善标准必要专利制度，加强标准制定过程中的知识产权保护，促进创新成果产业化应用。将标准研制融入共性技术平台建设，缩短新技术、新工艺、新材料、新方法标准研制周期，加快海参产业成果转化应用步伐。

二、提升产业标准化水平

（一）推进产业优化升级

实施海参产业高端装备制造标准化强基工程，健全智能制造、绿色制造、服务型制造标准，形成产业优化升级的标准群，部分领域关键标准适度领先于产业发展平均水平。完善扩大内需方面的标准，不断提升产品质量水平，全面促进消费。推进服务业标准化、品牌化建设，健全服务业标准，重点加强海参产品冷链、现代物流、物品编码等领域标准化。加快海参制造业和现代服务业融合发展标准化建设，推行跨行业跨领域综合标准化。建立健全大数据与海参产业融合标准，推进数字产业化和产业数字化。

（二）引领新产品新业态新模式快速健康发展

实施新产业标准化领航工程，开展新兴产业、未来产业标准化研究，制定一批应用带动的新标准，培育发展新业态新模式。围绕食品、医疗、应急等领域智慧化转型需求，加快完善海参保健品、海参药物、海参功能性食品等产品标准，依据标准实施科学有效监管机制，鼓励社会组织应用标准化手段加强自律，维护市场秩序。建立新型高端、高质海参加工技术等标准规范，实现海参精准营养与个性化制造，提高海参食品科技创新与产业支撑能力，为"健康中国"的发展战略服务。

（三）增强产业链和供应链稳定性，提升产业综合竞争力

围绕海参的养殖、加工、流通、消费环节，加快关键领域、关键产品的技术攻关和标准研制应用，提升产业核心竞争力。发挥关键技术标准在产业协同、技术协作中的纽带和驱动作用，实施标准化助力重点产业稳链工程，促进海参全产业链上下游标准有效衔接，提升产业链和供应链现代化水平。

三、完善绿色发展标准化保障

（一）持续优化生态系统建设和保护标准

不断完善海参产业生态环境质量和生态环境风险管控标准，持续改善生态环境质量。进一步完善污染防治标准，健全污染物排放、监管及防治标准，筑牢污染排放控制底线。统筹完善应对气候变化标准，制定修订应对气候变化减缓、适应、监测评估等标准。加快研究制定生态承载力评估、生态资源评价与监测、生物多样性保护、生态效益评估与生态产品价值实现等标准，在保障生态安全的基础上增加优质海参产品供给。

（二）筑牢绿色生产标准基础

建立健全海参质量及监测评价、海参养殖投入品质量、适度规模养殖、循环型生态农业、海参食品质量、监测预警等绿色农业发展标准。建立健全清洁生产标准，不断完善资源循环利用、产品绿色设计、绿色包装和绿色供应链、产业废弃物综合利用等标准。建立健全生态旅游等绿色发展标准。研制绿色建造标准，完善绿色建筑设计、施工、运行、管理标准。

四、提升标准化对外开放水平

（一）深化标准化交流合作

履行国际标准组织成员国责任义务，积极参与国际标准化活动。加强日本、加拿大、

俄罗斯等国家的标准化对话，深化亚太、泛美、欧洲等海参养殖与加工区域的标准化合作，推进标准信息共享与服务，发展互利共赢的标准化合作伙伴关系。

（二）推动海参标准国际化

联合国际标准组织成员，推动海参国际标准制定，分享我国标准化经验，积极参与国际标准化活动，助力联合国可持续发展目标实现。促进内外贸质量标准、检验检疫、认证认可等相衔接，推进同线同标同质。创新标准化工作机制，支撑构建面向全球的海参高标准自由贸易区网络。

五、推动标准化改革创新

（一）优化标准供给结构

充分释放海参市场主体标准化活力，优化政府颁布标准与市场自主制定标准二元结构，大幅提升市场自主制定标准的比重。大力发展团体标准，实施团体标准培优计划，推进团体标准应用示范，充分发挥优势企业作用，鼓励社会团体制定高质量海参标准。重视推荐性国家标准、行业标准和地方标准的制订修订工作，强化推荐性标准的协调配套，建立健全政府颁布标准采信市场自主制定标准的机制。

（二）深化标准化运行机制创新

建立标准创新型海参企业制度和标准融资增信制度，鼓励企业构建技术、专利、标准联动创新体系，支持领军企业联合科研机构、中小企业等建立标准合作机制，实施企业标准领跑者制度。建立国家统筹的区域标准化工作机制，将区域发展标准需求纳入国家标准体系建设，实现区域内标准发展规划、技术规则相互协同，服务国家重大区域战略实施。持续优化标准制定流程，提升标准化工具和平台的应用，健全企业、消费者等相关方参与标准制定修订的机制，加快标准升级迭代，提高海参全产业链标准水平。

（三）强化标准实施应用

推进以海参标准为依据所开展的宏观调控、产业推进、行业管理、市场准入和质量监管等工作的进行。按照国家有关规定，开展标准化试点示范工作，完善对标达标工作机制，推动企业提升执行标准能力，瞄准国际先进标准，提高标准水平。从源头入手，创研海参养殖全过程质量控制技术规范标准，开展海参养殖过程中关键控制技术研究，形成科研成果与海参养殖技术标准"源于产业、围绕产业、服务产业"的良好研创模式。

（四）加强标准制定和实施的监督

建立标准制定和实施全过程的追踪、监督和纠错机制，实现标准研制、实施和信息反馈闭环管理。开展标准质量和标准实施第三方评估，加强标准复审和维护更新。健全团体标准化良好行为评价机制。强化海参行业自律和社会监督，发挥市场对团体标准的优胜劣汰作用。有效实施企业标准自我声明公开和监督制度，将企业产品和服务符合标准情况纳入社会信用体系建设。建立标准实时举报、投诉机制，鼓励社会公众对标准实施情况进行监督。

参考文献 References

曹荣，张媛，杨敏，等，2023. 中国仿刺参产业发展概况与全产业链质量安全潜在风险分析[J]. 中国渔业质量与标准，13（2）：61-67.

陈娉婷，张月婷，沈祥成等，2021. 中国食用农产品追溯标准体系现状及对策[J]. 湖北农业科学，60（22）：190-194，200.

陈如潮，2013. 海参的工厂化养殖初步探讨[J]. 科学养鱼，2：45.

崔野韩，陈能，2004. 我国农业技术标准体系的运行与维护机制研究[J]. 农业质量标准，6：18-19.

高复生，2021. 中国海洋牧场建设存在的问题及对策[J]. 江西农业，6：109-111.

国家市场监督管理总局、国家标准化管理委员会，2018. GB/T 13016—2018 标准体系构建原则和要求[S]. 北京：中国标准出版社.

洪佳敏，陈丽娇，梁鹏，等，2014. 海参生物活性成分及其加工现状的研究进展[J]. 科学养鱼，3：75-77.

胡荣炊，蔡珠金，周宸，等，2019. 福建海参产业发展形势分析[J]. 中国水产，1：57-59.

李博超，韩俊丽，高海涛，等，2017. 灿烂弧菌对刺参养殖的危害及防控方法[J]. 科学养鱼，2：61-62.

李成林，胡炜，2017. 中国刺参产业发展状况、趋势与对策建议[J]. 中国海洋经济，1：3-20.

李成林，宋爱环，胡炜，等，2010. 山东省刺参养殖产业现状分析与可持续发展对策[J]. 渔业科学进展，31（4）：8.

李春田，2005. 标准化概论[M]. 北京：中国人民大学出版社.

廖梅杰，王印庚，李彬，等，2021a. 中国海参养殖产业现状存在问题及对策探讨（上）[J]. 科学养鱼，2：24-25.

廖梅杰，王印庚，李彬，等，2021b. 中国海参养殖产业现状存在问题及对策探讨（下）[J]. 科学养鱼，4：26-27.

廖梅杰，王印庚，李彬，等，2021c. 中国海参养殖产业现状存在问题及对策探讨（中）[J]. 科学养鱼，3：26-27.

廖玉麟，1997. 中国动物志：棘皮动物门：海参纲[M]. 北京：科学出版社.

林秋生，2005. 海参与鲍鱼筏式套养技术[J]. 科学养鱼，1：37.

刘淇，曹荣，王宇夫，2019. 神奇的海参[M]. 北京：中国农业出版社.

刘锡胤，胡丽萍，张晓明，等，2017. 推进刺参苗种产业可持续发展的战略思考[J]. 渔业信息与战略，1：25-30.

彭道民，慕永通，2017. 中国沿海省份海参养殖业经济区域类型初探及产量预测分析[J]. 中国渔业经济，4：67-72.

宋怿，黄磊，穆迎春，2010. 中国水产品质量安全监管现状及对策[J]. 农产品质量与安全，6：19-21.

田川，2018. 标准创新评价指标体系研究[J]. 标准科学，8：52-55+65.

王联珠，李晓川，路世勇，等，2005. 我国水产品质量标准体系现状及采用国际标准研究[J]. 中国水产，12：68-70.

王印庚，廖梅杰，李彬，等，2020. 海参"3.15"事件解读及产业可持续发展思考[J]. 科学养鱼，9：4-6.

王印庚，荣小军，廖梅杰，等，2014. 刺参健康养殖与病害防控技术丛解[M]. 北京：中国农业出版社.

肖宁，2015. 黄渤海的棘皮动物[M]. 北京：科学出版社.

徐学万，马飞，李董，等，2017. 我国农业标准体系建设问题与对策分析[J]. 农产品质量与安全，1：36-38.

薛长湖，2015. 海参精深加工的理论与技术[M]. 北京：科学出版社.

杨武海，2014. 福建海参加工产业的现状与发展思考[J]. 渔业研究，5：407-411.

易杨华，焦炳华，缪辉南，2006. 现代海洋药物学[M]. 北京：科学出版社.

殷瑞锋，2017. 中国海参养殖业现状及发展对策——基于福建省霞浦县的调研[J]. 农业展望，3：47-51.

张显良，2017. 中国渔业发展概述（2012—2017）[J]. 中国水产，12：7-8.

赵斌，李成林，周红学，等，2021. 海参产业绿色发展对策研究[J]. 中国海洋经济，1：22-42.

朱蓓薇，2010. 海珍品加工理论与技术的研究[M]. 北京：科学出版社.

朱文嘉，王联珠，丁海燕，等，2012. 中国海参产业现状及质量控制对策[J].中国渔业质量与标准，4：57-60.

Cateni F, Zilic J, Zacchigna M, et al., 2010. Cerebrosides with antiproliferative activity from *Euphorbia peplis*, L[J]. Fitoterapia, 81(2): 97-103.

Chan H P, Lee J H, Kang K T, et al., 2007.Characterization of Acid-soluble Collagen from Alaska Pollock Surimi Processing By-products (Refiner Discharge)[J]. Food Science & Biotechnology, 16(4): 549-556.

Chen S, Hu Y, Ye X, et al., 2012. Sequence determination and anticoagulant and antithrombotic activities of a novel sulfated fucan isolated from the sea cucumber *Isostichopus badionotus*[J]. Biochimica et Biophysica Acta (BBA)–General Subjects, 1820(7): 989–1000.

Gelse K, Pöschl E, Aigner T, 2003. Collagens–structure, function, and biosynthesis[J]. Advanced Drug Delivery Reviews, 55(12): 1531–46.

Kitagawa I, Inamoto T, Fuchida M, et al. , 2008.Structures of echinoside A and B, two antifungal oligoglycosides from the sea cucumber *Actinopyga echinites* (Jaeger)[J]. Chemical & Pharmaceutical Bulletin, 28(5): 1651–1653.

Oku H, Li C, Shimatani M, et al., 2009. Tumor specific cytotoxicity of β –glucosylceramide: structure–cytotoxicity relationship and anti–tumor activity in vivo[J]. Cancer Chemotherapy & Pharmacology, 64(3): 485.

Purcell S W, Samyn Y, Conand C,2012. Commercially important sea cucumbers of the world[M]. FAO species catalogue for fishery purpose. No. 6. Rome, FAO.

Rajapakse N, Mendis E, Jung W K, et al., 2005. Purification of a radical scavenging peptide from fermented mussel sauce and its antioxidant properties[J]. Food Research International, 38(2): 175–182.

Saito M, Kunisaki N, Urano N, et al., 2010. Collagen as the Major Edible Component of Sea Cucumber (*Stichopus japonicus*)[J]. Journal of Food Science, 67(4): 1319–1322.

Sugawara T, Zaima N, Yamamoto A, et al., 2006. Isolation of sphingoid bases of sea cucumber cerebrosides and their cytotoxicity against human colon cancer cells[J]. Bioscience Biotechnology & Biochemistry, 70(12): 2906–2912.

Ustyuzhanina N E, Bilan M I, Dmitrenok A S, et al., 2016. Structural characterization of fucosylated chondroitin sulfates from sea cucumbers *Apostichopus japonicus*, and *Actinopyga mauritiana*[J]. Carbohydr Polym, 153: 399.

Wu J, Yi Y H, Tang H F, et al., 2006. Nobilisides A–C, three new triterpene glycosides from the sea cucumber *Holothuria nobilis*[J]. Planta Medica, 72(10): 932–935.

Yan M, Li B, Zhao X, et al., 2008. Characterization of acid–soluble collagen from the skin of walleye pollock (*Theragra chalcogramma*)[J]. Food Chemistry, 107(4): 1581–1586.

Yan M, Li B, Zhao X., 2010. Determination of critical aggregation concentration and aggregation number of acid–soluble collagen from walleye pollock (*Theragra chalcogramma*) skin using the fluorescence probe pyrene[J]. Food Chemistry, 122(4): 1333–1337.

Yang H, Yuan X, Zhou Y, et al., 2015. Effects of body size and water temperature on food consumption and growth in the sea cucumber *Apostichopus japonicus* (Selenka) with special reference to aestivation[J]. Aquaculture Research, 36(11): 1085–1092.

Yu L, Ge L, Xue C, et al., 2014. Structural study of fucoidan from sea cucumber *Acaudina molpadioides*: a fucoidan containing novel tetrafucose repeating unit[J]. Food Chemistry, 142(3): 197–200.

附　录

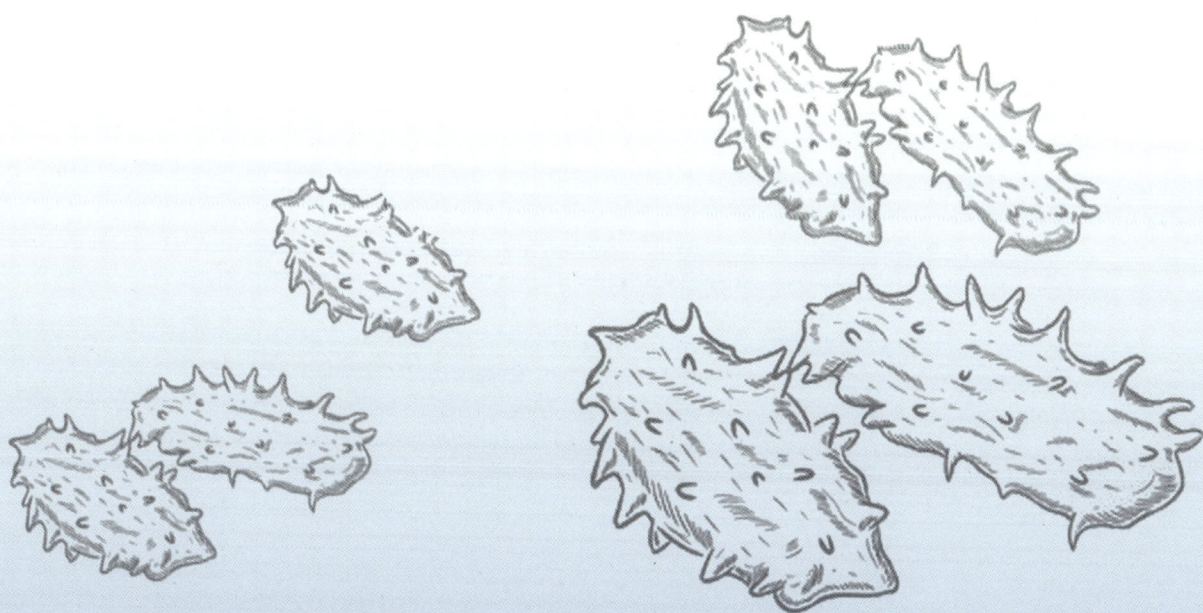

附录1　涉及海参专业领域的标准目录

（截至2024年3月）

1. 基础通用标准43项

序号	标准编号	标准名称
1	GB 2733—2015	食品安全国家标准　鲜、冻动物性水产品
2	GB 2760—2014	食品安全国家标准　食品添加剂使用标准
3	GB 2762—2022	食品安全国家标准　食品中污染物限量
4	GB 2763—2021	食品安全国家标准　食品中农药最大残留限量
5	GB 3097—1997	海水水质标准
6	GB 5749—2022	生活饮用水卫生标准
7	GB 7718—2011	食品安全国家标准　预包装食品标签通则
8	GB 10136—2015	食品安全国家标准　动物性水产制品
9	GB 11607—1989	渔业水质标准
10	GB 13432—2013	食品安全国家标准　预包装特殊膳食用食品标签
11	GB 14880—2012	食品安全国家标准　食品营养强化剂使用标准
12	GB 14881—2013	食品安全国家标准　食品生产通用卫生规范
13	GB/T 20794—2021	海洋及相关产业分类
14	GB 20941—2016	食品安全国家标准　水产制品生产卫生规范
15	GB/T 27304—2008	食品安全管理体系　水产品加工企业要求
16	GB 28050—2011	食品安全国家标准　预包装食品营养标签通则
17	GB 29921—2021	食品安全国家标准　预包装食品中致病菌限量
18	GB 31605—2020	食品安全国家标准　食品冷链物流卫生规范
19	GB 31650—2019	食品安全国家标准　食品中兽药最大残留限量
20	农业部公告第250号	食品动物中禁止使用的药品及其他化合物清单
21	GB/T 191—2008	包装储运图示标志
22	GB/T 21678—2018	渔业污染事故经济损失计算方法
23	GB/T 24616—2019	冷藏、冷冻食品物流包装、标志、运输和储存
24	GB/T 24861—2010	水产品流通管理技术规范

（续）

序号	标准编号	标准名称
25	GB/T 27304—2008	食品安全管理体系　水产品加工企业要求
26	GB/T 28577—2021	冷链物流分类与基本要求
27	GB/T 31080—2014	水产品冷链物流服务规范
28	GB/T 36192—2018	活水产品运输技术规范
29	GB/T 36193—2018	水产品加工术语
30	GB/T 8588—2001	渔业资源基本术语
31	GB/T 40745—2021	冷冻水产品包冰规范
32	GB/T 40956—2021	食品冷链物流交接规范
33	GB/T 41545—2022	水产品及水产加工品分类与名称
34	JJF 1070—2023	定量包装商品净含量计量检验规则
35	SC/T 0003—2006	水产企业HACCP管理体系认证指南
36	SC/T 0004—2006	水产养殖质量安全管理规范
37	SC/T 1088—2007	水产养殖的量、单位和符号
38	SC/T 3035—2018	水产品包装、标识通则
39	SC/T 3043—2014	养殖水产品可追溯标签规程
40	SC/T 3044—2014	养殖水产品可追溯编码规程
41	SC/T 3045—2014	养殖水产品可追溯信息采集规程
42	SC/T 3054—2020	冷冻水产品冰衣限量
43	NY/T 4164—2022	现代农业全产业链标准化技术导则

2. 海参养殖、加工等相关标准57项

序号	标准编号	标准名称
1	GB/T 20014.13—2013	良好农业规范　第13部分：水产养殖基础控制点与符合性规范
2	GB/T 20014.14—2013	良好农业规范　第14部分：水产池塘养殖基础控制点与符合性规范
3	GB/T 20014.15—2013	良好农业规范　第15部分：水产工厂化养殖基础控制点与符合性规范
4	GB/T 20014.16—2013	良好农业规范　第16部分：水产网箱养殖基础控制点与符合性规范
5	GB/T 20014.17—2013	良好农业规范　第17部分：水产围拦养殖基础控制点与符合性规范
6	GB/T 20014.18—2013	良好农业规范　第18部分：水产滩涂、吊养、底播养殖基础控制点与符合性规范
7	GB/T 20709—2006	地理标志产品　大连海参
8	GB/T 22919.7—2008	水产配合饲料　第7部分：刺参配合饲料
9	GB 31602—2015	食品安全国家标准　干海参
10	GB/T 32756—2016	刺参　亲参和苗种
11	GB/T 33108—2016	海参及其制品中海参皂苷的测定　高效液相色谱法
12	GB/T 34747—2017	干海参等级规格
13	GB/T 34748—2017	水产种质资源基因组DNA的微卫星分析
14	GB/T 35941—2018	水产养殖增氧机检测规程
15	GB/T 38583—2020	刺参
16	SC/T 2003—2012	刺参　亲参和苗种
17	SC/T 2037—2006	刺参配合饲料
18	SC/T 2074—2017	刺参繁育与养殖技术规范
19	SC/T 2097—2019	刺参人工繁育技术规范
20	SC/T 2111—2021	浅海多营养层次综合养殖技术规范　海带、牡蛎、海参
21	SC/T 7011.1—2021	水生动物疾病术语与命名规则　第1部分：水生动物疾病术语
22	SC/T 7011.2—2021	水生动物疾病术语与命名规则　第2部分：水生动物疾病命名规则
23	SC/T 7012—2008	水产养殖动物病害经济损失计算方法
24	SC/T 7103—2008	水生动物产地检疫采样技术规范
25	SC/T 7014—2006	水生动物检疫实验技术规范
26	SC/T 7015—2022	病死水生动物及病害水生动物产品无害化处理规范
27	SC/T 7017—2012	水生动物疫病风险评估通则
28	SC/T 7018—2022	水生动物疫病流行病学调查规范
29	SC/T 7019—2015	水生动物病原微生物实验室保存规范

（续）

序号	标准编号	标准名称
30	SC/T 7020—2016	水产养殖动植物疾病测报规范
31	SC/T 3049—2015	刺参及其制品中海参多糖的测定　高效液相色谱法
32	SC/T 3050—2017	干海参加工技术规范
33	SC/T 3206—2009	干海参（刺参）
34	SC/T 3215—2014	盐渍海参
35	SC/T 3307—2021	速食干海参
36	SC/T 3308—2014	即食海参
37	SC/T 3310—2018	海参粉
38	GB 16740—2014	食品安全国家标准　保健食品
39	GB 31645—2018	食品安全国家标准　胶原蛋白肽
40	GB 2717—2018	食品安全国家标准　酱油
41	GB 2721—2015	食品安全国家标准　食用盐
42	GB 7098—2015	食品安全国家标准　罐头食品
43	GB/T 317—2018	白砂糖
44	GB/T 5461—2016	食用盐
45	GB/T 8967—2007	谷氨酸钠（味精）
46	GB/T 6682—2008	分析实验室用水规格和试验方法
47	GB/T 10786—2022	罐头食品的检验方法
48	GB/T 15691—2008	香辛料调味品通用技术条件
49	GB/T 18654.1—2008	养殖鱼类种质检验　第1部分：检验规则
50	GB/T 18654.2—2008	养殖鱼类种质检验　第2部分：抽样方法
51	GB/T 37062—2018	水产品感官评价指南
52	GB/T 30891—2014	水产品抽样规范
53	SC/T 3011—2001	水产品中盐分的测定
54	SC/T 3016—2004	水产品抽样方法
55	T/XNXAS 001—2021	霞浦海参养殖技术规范
56	T/XNXAS 002—2021	霞浦盐渍海参
57	T/CROAKER 004—2020	鲍（参）养殖塑胶渔排技术规范

3. 无公害农产品标准及绿色食品相关标准16项

序号	标准编号	标准名称
1	NY 5052—2001	无公害食品　海水养殖用水水质
2	NY 5070—2002	无公害食品　水产品中渔药残留限量
3	NY 5071—2002	无公害食品　渔用药物使用准则
4	NY 5072—2002	无公害食品　渔用配合饲料安全限量
5	NY/T 5335—2006	无公害食品　产地环境质量调查规范
6	NY/T 5340—2006	无公害食品　产品检验规范
7	NY/T 5341—2017	无公害农产品　认定认证现场检查规范
8	NY/T 5342—2006	无公害食品　产品认证准则
9	NY/T 5343—2006	无公害食品　产地认定规范
10	NY/T 5344.1—2006	无公害食品　产品抽样规范　第1部分：通则
11	NY/T 5344.7—2006	无公害食品　产品抽样规范　第7部分：水产品
12	NY 5362—2010	无公害食品　海水养殖产地环境条件
13	NY/T 391—2021	绿色食品　产地环境质量
14	NY/T 392—2023	绿色食品　食品添加剂使用准则
15	NY/T 658—2015	绿色食品　包装通用准则
16	NY/T 1514—2020	绿色食品　海参及制品

4. 地方标准70项

序号	标准编号	标准名称	发布地区
1	DB13/T 1130—2009	刺参人工育苗技术规范	河北省
2	DB13/T 1846—2013	刺参人工保苗技术规范	河北省
3	DB1302/T 542—2021	海参养殖气象服务规范	唐山市
4	DB21/T 1500—2007	刺参苗种	辽宁省
5	DB21/T 1978—2012	刺参海上网箱生态育苗技术规程	辽宁省
6	DB21/T 1979—2012	刺参底播增殖技术规范	辽宁省
7	DB21/T 2392—2014	食品安全地方标准 即食海参	辽宁省
8	DB21/T 2674—2016	海参及其制品流通管理技术规范	辽宁省
9	DB21/T 2688—2016	海参与对虾混养技术规程	辽宁省
10	DB21/T 2768—2017	刺参工程化养殖发病刺参隔离、治疗处置技术规程	辽宁省
11	DB21/T 2770—2017	刺参池塘网箱育苗技术规范	辽宁省
12	DB21/T 2824.1—2017	刺参养殖技术规程 第1部分：刺参工程化海水养殖	辽宁省
13	DB21/T 2824.2—2017	刺参养殖技术规程 第2部分：大菱鲆-刺参工程化接力养殖	辽宁省
14	DB21/T 2825.1—2017	池塘混养技术规程 第1部分 刺参与中国对虾	辽宁省
15	DB21/T 2825.4—2017	池塘混养技术规程 第4部分：刺参与红鳍东方鲀	辽宁省
16	DB21/T 2825.6—2021	池塘混养技术规程 第6部分：刺参、日本对虾与斑节对虾	辽宁省
17	DB21/T 2825.9—2021	池塘混养技术规程 第9部分：刺参与点篮子鱼	辽宁省
18	DB21/T 2865—2017	地理标志产品 大连海参	辽宁省
19	DB21/T 3034—2018	仿刺参种参工程化养殖技术规范	辽宁省
20	DB21/T 3639—2022	刺参良种生态适应性评价方法	辽宁省
21	DB21/T 3905—2023	刺参池塘养殖风险预警指南	辽宁省
22	DB2102T 0048—2022	刺参养殖池塘水污染物预防与控制要求	大连市
23	DB2102/T 0089—2023	地理标志产品 獐子岛海参	大连市
24	DB2102/T 0093—2023	地理标志产品 大连海参	大连市
25	DB32/T 2452—2013	刺参浮筏吊养技术规范	江苏省
26	DB32/T 2454—2013	刺参池塘养殖技术规范	江苏省
27	DB32/T 3242—2017	仿刺参工厂化人工育苗技术规范	江苏省
28	DB32/T 3297—2017	仿刺参池塘养殖技术规范	江苏省
29	DB3302/T 152—2018	刺参南移吊笼养殖技术规范	宁波市
30	DB34/T 966—2009	徽菜 花蕊海参	安徽省
31	DB35/T 1018—2010	刺参池塘养殖技术规范	福建省
32	DB35/T 1481—2014	仿刺参南方度夏养殖技术规范	福建省
33	DB35/T 1708—2017	刺参筏式养殖技术规范	福建省
34	DB37/T 703—2007	刺参苗种生产技术规程	山东省
35	DB37/T 1120—2008	鲁菜 葱烧海参	山东省

（续）

序号	标准编号	标准名称	发布地区
36	DB37/T 1186—2009	刺参工厂化养殖技术规程	山东省
37	DB37/T 1241—2014	地理标志产品　烟台海参	山东省
38	DB37/T 1564—2010	胶东刺参底播增殖技术规程	山东省
39	DB37/T 1579—2010	刺参养殖池塘建设规范	山东省
40	DB37/T 1614—2010	胶东刺参苗种生产技术规程	山东省
41	DB37/T 1781—2011	即食刺参加工技术规范	山东省
42	DB37/T 1866—2011	鲁菜　山东海参	山东省
43	DB37/T 1969—2011	鲁菜　蹄筋扒海参	山东省
44	DB37/T 2068—2012	黄河三角洲刺参池塘养殖技术规程	山东省
45	DB37/T 2292—2013	刺参（种质）	山东省
46	DB37/T 2293—2013	刺参池塘生态育苗技术规范	山东省
47	DB37/T 2623—2014	刺参生态苗种培育技术规范	山东省
48	DB37/T 2658.41—2015	鲁菜　清汤海参狮子头	山东省
49	DB37/T 2658.65—2015	鲁菜　砂锅海参	山东省
50	DB37/T 2658.95—2015	鲁菜　蹄筋扒海参	山东省
51	DB37/T 2658.96—2015	鲁菜　虾籽烧海参	山东省
52	DB37/T 2658.105—2015	鲁菜　肉末烧海参	山东省
53	DB37/T 2767—2016	刺参池塘中间培育技术规范	山东省
54	DB37/T 2903.19—2017	鲁菜　鹿筋扒海参	山东省
55	DB37/T 2903.70—2017	鲁菜　昆布海参	山东省
56	DB37/T 2903.79—2017	鲁菜　清汤活海参	山东省
57	DB37/T 2903.86—2017	鲁菜　温拌海参	山东省
58	DB37/T 2903.118—2017	鲁菜　红烧海参	山东省
59	DB37/T 2943　2017	刺参浅海网箱养殖技术规范	山东省
60	DB37/T 3050—2017	海水养殖气象服务　刺参	山东省
61	DB37/T 4031—2020	冻干刺参加工技术规范	山东省
62	DB37/T 4131—2020	刺参细菌性腐皮综合征调查技术规范	山东省
63	DB37/T 4232—2020	刺参筏式笼养技术规范	山东省
64	DB37/T 4233—2020	刺参-凡纳滨对虾轮养技术规范	山东省
65	DB37/T 4352—2021	重要产品追溯操作规程　干海参	山东省
66	DB3706/T 63—2020	长岛海参增殖采捕技术规范	烟台市
67	DB3710/T 194—2023	地理标志证明商标　乳山刺参	威海市
68	DB41/T 924—2014	长垣烹饪技艺　大葱烧海参	河南省
69	DB43/T 1302.4—2017	经典湘菜　第4部分：绣球海参	湖南省
70	DB50/T 449—2012	渝菜　家常海参烹饪技术规范	重庆市

5. 团体标准44项

序号	标准编号	标准名称	发布社团
1	T/CI 305—2024	海参肽原料质量要求	中国国际科技促进会
2	T/BJCA 011—2022	京菜 董氏烧海参烹饪技术规范	北京烹饪协会
3	T/STSI 16—2020	电子商务 农产品质量管理与控制 海参干品	中关村新兴科技服务业产业联盟
4	T/LNHX 002—2024	冻煮海参	辽宁省海参行业协会
5	T/LNHX 003—2023	冻煮海参加工技术规范	辽宁省海参行业协会
6	T/LNHX 001—2022	辽宁海参流通追溯管理规范	辽宁省海参行业协会
7	T/LNPC 006—2024	辽宁优品 干海参	辽宁省品牌建设促进会
8	T/DLYX 001—2022	地理标志证明商标产品 大连海参	大连市海洋渔业协会
9	T/DYZC 007—2023	大连海鲜预制菜 小米海参粥	大连市预制菜行业协会
10	T/SSF 0010—2020	海参花压片	山东水产学会
11	T/SSF 0010—2021	刺参"鲁海1号"种质	山东水产学会
12	T/SSF 0011—2021	刺参"鲁海1号"苗种繁育技术规范	山东水产学会
13	T/SSF 0012—2021	刺参"鲁海1号"池塘养殖技术规范	山东水产学会
14	T/SSF 0013—2021	紫刺参选育技术规范	山东水产学会
15	T/SDFIA 34—2022	干海参质量控制规范	山东省食品工业协会
16	T/SNHFA 013—2021	海参低聚肽粉	山东省营养保健食品行业协会
17	T/QMHIPA 003—2022	功能性海参肽粉	青岛市医养健康产业促进会
18	T/YTHSLHH 0001—2023	烟台溯源好海参 刺参苗种	烟台海参产业联合会
19	T/YTHSLHH 0002—2023	烟台溯源好海参 刺参增养殖技术规范	烟台海参产业联合会
20	T/YTHSLHH 0003—2023	烟台溯源好海参 淡干海参	烟台海参产业联合会
21	T/YTHSLHH 0004—2023	烟台溯源好海参 冻干海参	烟台海参产业联合会
22	T/YTHSLHH 0005—2023	烟台溯源好海参 海参多肽粉	烟台海参产业联合会
23	T/YTHSLHH 0006—2023	烟台溯源好海参 冷冻即食海参	烟台海参产业联合会
24	T/YTHSLHH 0007—2023	烟台溯源好海参 冷冻即食海参加工技术规范	烟台海参产业联合会
25	T/YTHSLHH 0008—2023	烟台溯源好海参 速发海参	烟台海参产业联合会
26	T/YTHSLHH 0009—2023	烟台溯源好海参 鲜活海参	烟台海参产业联合会
27	T/YTHSLHH 0010—2023	烟台溯源好海参 盐干海参	烟台海参产业联合会
28	T/YTHSLHH 0011—2023	烟台溯源好海参 盐渍海参	烟台海参产业联合会
29	T/CDYX 002—2021	地理标志证明商标 长岛海参	长岛县渔业协会
30	T/CDYX 005—2021	地理标志证明商标 长岛海参（非活）	长岛县渔业协会

（续）

序号	标准编号	标准名称	发布社团
31	T/WSX 001—2021	地理标志产品　威海刺参	威海市海参产业协会
32	T/TLTHHS 01—2020	地理标志产品　乐亭海参	（河北唐山）乐亭县海华水产养殖协会
33	T/SA 66—2024	纯净海参	福建省标准化服务行业协会
34	T/CROAKER 004—2020	鲍（参）养殖塑胶渔排技术规范	宁德市渔业协会
35	T/XNXAS 002—2021	霞浦盐渍海参	霞浦县农副产品产业协会
36	T/XNXAS 001—2021	霞浦海参养殖技术规范	霞浦县农副产品产业协会
37	T/FYCY 043—2020	汾阳三八八宴席　葱烧海参烹饪工艺规范	（山西）汾阳市餐饮旅游饭店行业协会
38	T/GDSF 0006—2022	南海岛礁海域海参资源养护技术规范	广东水产学会
39	T/GDSF 0007—2022	南海岛礁海域海参生态增殖技术规范	广东水产学会
40	T/CZSPTXH 046—2018	潮州菜　红炆海参烹饪工艺规范	潮州市烹调协会
41	T/CZSPTXH 197—2022	潮州菜　鸡茸海参烹饪工艺规范	潮州市烹调协会
42	T/CZSPTXH 171—2021	潮州菜　芋泥酿刺参烹饪工艺规范	潮州市烹调协会
43	T/ZSGTS 272—2023	香山之品　海参	中山市个体劳动者私营企业协会
44	T/MMSP 43—2023	高凉菜　鲍汁扣海参烹饪工艺规范	茂名市食品行业协会

6. 检测方法相关标准57项

序号	标准编号	标准名称
1	GB 4789.4—2024	食品安全国家标准　食品微生物学检验 沙门氏菌检验
2	GB 4789.7—2013	食品安全国家标准　食品微生物学检验 副溶血性弧菌检验
3	GB 4789.26—2023	食品安全国家标准　食品微生物学检验 商业无菌检验
4	GB 5009.3—2016	食品安全国家标准　食品中水分的测定
5	GB 5009.5—2016	食品安全国家标准　食品中蛋白质的测定
6	GB 5009.7—2016	食品安全国家标准　食品中还原糖的测定
7	GB 5009.11—2024	食品安全国家标准　食品中总砷及无机砷的测定
8	GB 5009.12—2023	食品安全国家标准　食品中铅的测定
9	GB 5009.15—2023	食品安全国家标准　食品中镉的测定
10	GB 5009.17—2021	食品安全国家标准　食品中总汞及有机汞的测定
11	GB 5009.26—2023	食品安全国家标准　食品中N-亚硝胺类化合物的测定
12	GB 5009.28—2016	食品安全国家标准　食品中苯甲酸、山梨酸和糖精钠的测定
13	GB 5009.44—2016	食品安全国家标准　食品中氯化物的测定
14	GB 5009.123—2023	食品安全国家标准　食品中铬的测定
15	GB 5009.190—2014	食品安全国家标准　食品中指示性多氯联苯含量的测定
16	GB 5009.237—2016	食品安全国家标准　食品pH值的测定
17	GB/T 20361—2006	水产品中孔雀石绿和结晶紫残留量的测定　高效液相色谱荧光检测法
18	GB/T 20756—2006	可食动物肌肉、肝脏和水产品中氯霉素、甲砜霉素和氟苯尼考残留量的测定　液相色谱-串联质谱法
19	GB/T 21311—2007	动物源性食品中硝基呋喃类药物代谢物残留量检测方法　高效液相色谱/串联质谱法
20	GB 29682—2013	食品安全国家标准水产品中青霉素类药物多残留的测定　高效液相色谱法
21	GB 29684—2013	食品安全国家标准水产品中红霉素残留量的测定　液相色谱-串联质谱法
22	GB 29687—2013	食品安全国家标准水产品中阿苯达唑及其代谢物多残留的测定　高效液相色谱法
23	GB 29695—2013	食品安全国家标准水产品中阿维菌素和伊维菌素多残留的测定　高效液相色谱法
24	GB 29702—2013	食品安全国家标准水产品中甲氧苄啶残留量的测定　高效液相色谱法
25	GB 29705—2013	食品安全国家标准水产品中氯氰菊酯、氰戊菊酯、溴氰菊酯多残留的测定　气相色谱法
26	GB 31660.1—2019	食品安全国家标准　水产品中大环内酯类药物残留量的测定　液相色谱-串联质谱法
27	GB 31660.2—2019	食品安全国家标准　水产品中辛基酚、壬基酚、双酚A、己烯雌酚、雌酮、17α-乙炔雌二醇、17β-雌二醇、雌三醇残留量的测定　气相色谱-质谱法
28	GB 31660.3—2019	食品安全国家标准　水产品中氟乐灵残留量的测定　气相色谱法
29	GB 31656.1—2021	食品安全国家标准　水产品中甲苯咪唑及代谢物残留量的测定　高效液相色谱法
30	GB 31656.2—2021	食品安全国家标准　水产品中泰乐菌素留量的测定　高效液相色谱法
31	GB 31656.3—2021	食品安全国家标准　水产品中诺氟沙星、环丙沙星、恩诺沙星、氧氟沙星、噁喹酸、氟甲喹残留量的测定　高效液相色谱法
32	GB 31656.4—2021	食品安全国家标准　水产品中氯丙嗪残留量的测定　液相色谱-串联质谱法
33	GB 31656.5—2021	食品安全国家标准　水产品中安眠酮残留量的测定　液相色谱-串联质谱法

序号	标准编号	标准名称
34	GB 31656.6—2021	食品安全国家标准　水产品中丁香酚残留量的测定　气相色谱–质谱法
35	GB 31656.7—2021	食品安全国家标准　水产品中氯硝柳胺残留量的测定　液相色谱–串联质谱法
36	GB 31656.8—2021	食品安全国家标准　水产品中有机磷类药物残留量的测定　液相色谱–串联质谱法
37	GB 31656.9—2021	食品安全国家标准　水产品中二甲戊灵残留量的测定　液相色谱–串联质谱法
38	GB 31656.10—2021	食品安全国家标准　水产品中四聚乙醛残留量的测定　液相色谱–串联质谱法
39	GB 31656.11—2021	食品安全国家标准　水产品中土霉素、四环素、金霉素和多西环素残留量的测定
40	GB 31656.12—2021	食品安全国家标准　水产品中青霉素类药物多残留的测定　液相色谱–串联质谱法
41	GB 31656.13—2021	食品安全国家标准　水产品中硝基呋喃类代谢物多残留的测定　液相色谱–串联质谱法
42	农业部783号公告—2—2006	水产品中诺氟沙星、盐酸环丙沙星、恩诺沙星残留量的测定　液相色谱法
43	农业部783号公告—3—2006	水产品中敌百虫残留量的测定　气相色谱法
44	农业部958号公告—10—2007	水产品中雌二醇残留量的测定　气相色谱–质谱法
45	农业部958号公告—11—2007	水产品中吡喹酮残留量的测定　液相色谱法
46	农业部958号公告—12—2007	水产品中磺胺类药物残留量的测定　液相色谱法
47	农业部958号公告—13—2007	水产品中氯霉素、甲砜霉素、氟甲砜霉素残留量的测定　气相色谱法
48	农业部958号公告—14—2007	水产品中氯霉素、甲砜霉素、氟甲砜霉素残留量的测定　气相色谱–质谱法
49	农业部1077号公告—1—2008	水产品中17种磺胺类及15种喹诺酮类药物残留量的测定　液相色谱–串联质谱法
50	农业部1077号公告—2—2008	水产品中硝基呋喃类代谢物残留量的测定　高效液相色谱法
51	农业部1077号公告3—2008	水产品中链霉素残留量的测定　高效液相色谱法
52	农业部1077号公告—4—2008	水产品中喹烯酮残留量的测定　高效液相色谱法
53	农业部1077号公告—5—2008	水产品中喹乙醇代谢物残留量的测定　高效液相色谱法
54	农业部1077号公告—6—2008	水产品中玉米赤霉醇类残留量的测定　液相色谱–串联质谱法
55	农业部1077号公告—7—2008	水产品中恩诺沙星、诺氟沙星和环丙沙星残留的快速筛选测定　胶体金免疫渗滤法
56	农业部1163号公告—9—2009	水产品中己烯雌酚残留检测　气相色谱–质谱法
57	农业部1192号公告—1—2009	水产苗种违禁药物抽检技术规范

7. 投入品（饲料）相关标准15项

序号	标准编号	标准名称
1	GB 10648—2013	饲料标签
2	GB 13078—2017	饲料卫生标准
3	GB/T 5917.1—2008	饲料粉碎粒度测定　两层筛筛分法
4	GB/T 5918—2008	饲料产品混合均匀度的测定
5	GB/T 6432—2018	饲料中粗蛋白的测定　凯氏定氮法
6	GB/T 6433—2006	饲料中粗脂肪的测定
7	GB/T 6434—2022	饲料中粗纤维的含量测定
8	GB/T 6435—2014	饲料中水分的测定
9	GB/T 6436—2018	饲料中钙的测定
10	GB/T 6437—2018	饲料中总磷的测定　分光光度法
11	GB/T 6438—2007	饲料中粗灰分的测定
12	GB/T 6439—2023	饲料中水溶性氯化物的测定
13	GB/T 14699.1—2023	饲料　采样
14	GB/T 18246—2019	饲料中氨基酸的测定
15	GB/T 18823—2010	饲料检测结果判定的允许误差

附录2　海参相关标准

（截至2024年3月）

序号	标准编号	标准名称
1	GB/T 38583—2020	刺参
2	GB/T 32756—2016	刺参　亲参和苗种
3	GB 31602—2015	食品安全国家标准　干海参
4	GB/T 34747—2017	干海参等级规格
5	GB/T 22919.7—2008	水产配合饲料　第7部分：刺参配合饲料
6	SC/T 2097—2019	刺参人工繁育技术规范
7	SC/T 3215—2014	盐渍海参
8	SC/T 3307—2021	速食干海参

刺　参
（GB/T 38583—2020）

1　范围

本标准给出了刺参 *Apostichopus japonicus*（Selenka，1867）的术语和定义、学名与分类、主要形态与构造特征、繁殖、分子遗传学特性、检测方法和判定规则。

本标准适用于刺参的种质鉴定和检测。

2　规范性引用文件

下列文件对于本文件的应用是必不可少的。凡是注日期的引用文件，仅注日期的版本适用于本文件。凡是不注日期的引用文件，其最新版本（包括所有的修改单）适用于本文件。

GB/T 18654.2 养殖鱼类种质检验　第 2 部分：抽样方法

3　术语和定义

下列术语和定义适用于本文件。

3.1

管足　podia

棘皮动物特有的一种组织器官，具有吸附、辅助运动、感觉、摄食等功能，内部和水管系统相通，末端有吸盘，吸盘由钙质骨板所支持。

注：管足是棘皮动物辐管系统的主要组成部分之一。

3.2

疣足　papillae

由管足失去行动功能而形成，与水管系统相通，仅限于背面和侧面，常不规则地散布于步带区，呈锥形肉刺状。

3.3

步带区　ambulacral zone

体壁上有管足分布的区域。

3.4

骨片　sclerite

皮层含有的碳酸钙质的内骨骼。

3.5

呼吸树　respiratory trees

排泄腔背面腔壁向体腔突出一短管，由短管间左右伸出两枝多分支的树枝状盲管。

4　学名与分类

4.1　学名

刺参 *Apostichopus japonicus*（Selenka，1867）。

4.2　分类地位

海参纲（Holothuroidea）、楯手目（Aspidochirotida）、刺参科（Stichopodidae）、仿刺参属（*Apostichopus*）。

5 主要形态与构造特征

5.1 外部形态

体呈扁的圆筒形，两端稍细，横断面略呈四角形。背面隆起，上有 4 列～6 列大小不等、排列不规则的圆锥形疣足（肉刺）。成参体长一般 20 cm～30 cm。口在前端，口周生有 20 个楯状触手，偏于腹面。肛门在后端。体色变化大，一般背面为黄褐色或栗褐色，腹面为浅黄褐色或赤褐色；此外还有绿、赤褐、紫褐、紫、灰白、红或纯白等色。腹面平坦，管足密集，排成不很规则的 3 条纵带。见图 1。

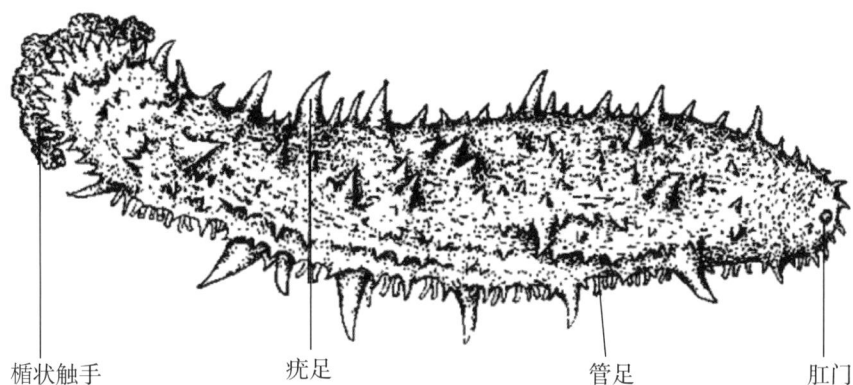

| 楯状触手 | 疣足 | 管足 | 肛门 |

图 1 刺参外部形态

5.2 内部构造

5.2.1 体壁

5.2.1.1 皮层

山角质层、表皮、结缔组织和无数小型骨片组成。体壁分为 5 个步带区和 5 个间步带区，彼此相间排列，呈五辐射结构。

5.2.1.2 骨片

刺参各组织中存在数量很多的桌形体、扣形体、杆状体、花纹状体、复合盘状体和长孔状体 6 种主要骨片类型（图 2）。棘和触手中主要骨片类型为扣形体、桌形体和杆状体；管足中主要骨片类型为特有的复合盘状骨片、扣形体和桌形体；呼吸树和肠中主要骨片类型为花纹状体；体壁中主要骨片类型为扣形体和桌形体；刺参幼体体壁骨片为桌形体，塔部高；成体桌形退化，塔部变低或消失，形成小而不规则的扣形体。

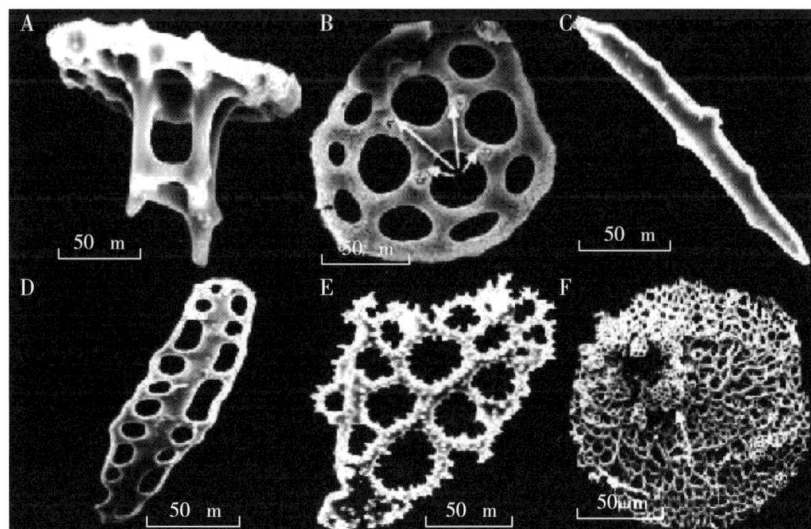

图 2 刺参骨片的图片

说明：

A——桌形体；

B——扣形体；

C——杆状体；

D——长孔状体；

E——花纹状体；

F——复合盘状体。

5.2.1.3 肌肉层

由环肌和纵肌组成，外层为环肌，内层为纵肌，纵肌5束，呈五辐射分布。

5.2.1.4 体腔膜

在环肌与纵肌内侧为一层薄膜，附在体腔表面。

5.2.2 消化系统

由口、食道、胃、前肠、中肠、排泄腔和肛门组成，无消化腺。

5.2.3 呼吸系统

呼吸器官为呼吸树，管足也具有呼吸功能。

5.2.4 水管系统

又称步管系统，分为环状水管和辐水管。

5.2.5 循环系统

由血管及血窦组成，无心脏，血液透明呈淡褐色。

5.2.6 神经系统

由外神经系统和深层神经系统两部分组成。

5.2.7 生殖系统

刺参是雌雄异体，生殖腺位于食道悬垂膜的两侧，为形状似扫帚状的盲囊结构。

6 繁殖

6.1 性成熟年龄

雌性和雄性个体均在2龄以上性成熟。

6.2 产卵量

成熟雌性可多次排卵，每头雌性产卵量一般为2×10^6粒～1×10^7粒。

7 分子遗传学特性

16S rDNA 和 CO I DNA 序列片段如下：

a）16S rDNA（核糖休 16S rRNA 基因）序列片段

长度690bp。

AACAGAACAG	CACCCGAAAT	CTGGAGAGCT	AACCAAACCC	TCTCAAAGGA	GAACTACACA	60
ACCACTGTTG	CAAGAGTGGT	AAAAGAGGTT	TGGTTAGAGA	TGATATGTTT	AACGCGCCAG	120
ATGATAGCTG	GTTTTCTTAG	AAAAAAGTTT	AAGCTTTTCT	CCCTTATTCA	CAGTTTTTAC	180
CTTAAAGGAA	AATATTAGGA	AAGAAAAAGG	GAAGAAAGAG	AAAAGAAGAT	AAGTTCTTTT	240
CTCAAAAAGG	AAACAACCAG	GAAAGAAGGA	AAGACCAAAA	ACAAGTGAAA	AGGGAAAGGA	300
TCAAAGTAGG	CCTAAAAGCG	GCCATCTAAA	AGAAAGCGTT	AAAGCTCAAA	TCCTCTTAAC	360
CCGAAAATTT	TTGATACTAG	ATCCAACCTC	TTTTAAACTA	AAGGAAAATA	ATAATGTTAA	420
AACGAGTAAG	AAAAAGACTT	TGTTACCCAC	TAAAGGAAAA	CTAAAACAAA	ACCAAGAACG	480
CCTAAAACCA	CAAGAGTAAG	CATCAAGGAA	TCCTTTCCCA	ACACAGGAAG	TGGCCAAACA	540
AGGAAAAAGG	GGAAGAAAGG	AACTAGGCAA	ATAAAAAGGG	GGACTGTTTA	CCAAAAACAT	600

AGCCCCACGA ACTTCATATG TGGGGTGCAG CCTGCCCAGT GGAATTTATT CTAAACGGCC　660

GCGGTATTTT GACCGTGCAA AGGTAGCATA　690

b）CO Ⅰ DNA（细胞色素氧化酶Ⅰ基因）序列片段

长度 662 bp。

TTCTTGTTTG GGCCCACCTT ATGTTTACTG TTGGTATGGA TGTAGACACC CGTGCCTACT　60

TCACAGCAGC TACCATGATT ATTGCTGTTC CAACCGGAAT AAAGGTATTT AGATGGATGG　120

CCACGTTACA AGGGTCAAAG TTAGTCTGAG AGACCCTCT GCTTTGAGCT CTAGGATTTG　180

TTTTTTTGTT CACTGTAGGA GGACTAACAG GGATTGTATT AGCTAATTCT TCAATAGACG　240

TTATACTACA CGACACTTAC TATGTTGTTG CACATTTCCA CTATGTACTA TCAATGGGTG　300

CTGTATTTTGC TATATTTGCC GGATTTACAC ATTGATTTCC ACTTTTTTCA GGAACCGCAT　360

TTCACCCACT ATGGTCAAAG GTTCAATTCT TCATAATGTT TATAGGGGTT AACCTAACCT　420

TCTTCCCACA ACACTTCCTA GGTTTAGCTG GAATGCCACG ACGATACTCA GATTACCCAG　480

ACGCTTATAC AACATGGAAA ACTGTTTCAT CCATAGGATC CTTAATCTCT CTAGTAGGTG　540

CCCTGTTTTT TCTTCCTA ATATGAGAAG CCTTTGCCTC TCAACGAAAG GTAAGAACCC　600

CTTCTTTCGT TTCCGCATCT CTGGAATGAC AATACGAAAG CTTTCCACCG TCACACCATA　660

CG　662

8　检测方法

8.1　抽样

按照 GB/T 18654.2 规定执行。

8.2　外部形态

在充足自然光线下肉眼观察。

8.3　骨片检测方法

从刺参背脊中部，切取约 1 cm³ 的体壁组织。双蒸水洗净，放入 5 mL 小烧杯中，滴加 1 mL 10% NaClO 溶液消化 30 s。挑出未消化的组织块，滴加 3 mL 双蒸水，待白色骨片沉淀。弃去上层溶液，滴加双蒸水，重复漂洗 3 次，吸取骨片悬液显微观察骨片形态。

8.4　其他内部构造

解剖后用解剖镜或肉眼观察。

8.5　繁殖

8.5.1　年龄

养殖刺参可通过查阅养殖记录确定年龄，体重达 125 g 以上可进行繁殖。

8.5.2　排卵量

取发育成熟的亲参，人工诱导排卵，统计每头雌参排卵量。

8.6　分子遗传学特性分析

8.6.1　DNA 的提取

取纵肌 100 mg 剪碎后，DNA 提取试制盒或常规酚-氯仿方法提取总 DNA，灭菌双蒸水溶解备用。

8.6.2　引物序列

16S F：5′- AACAGAACAGCACCCGAAAT -3′；16S R：5′- TATGCTACCTTTGCACGGTC -3′。

Co Ⅰ F：5′- TTCTTGTTTGGGCCCACCTT -3′；CO Ⅰ R：5′- CGTATGGTGTGACGGTGGAA -3′。

8.6.3　反应条件

PCR 反应液配方见附录 A。反应条件：94 ℃变性 3 min；94 ℃变性 30 s，55 ℃退火 30 s，72 ℃延伸 45 s，35 个循环；72 ℃延伸 5 min，4 ℃保温。

8.6.4　片段回收、纯化与序列测定

PCR 产物经琼脂糖凝胶电泳后，回收纯化目的片段，测序。

9　判定规则

符合第 5 章要求，且 16S rDNA 或 CO I 基因片段测序结果与第 7 章序列比对，K2P 遗传距离小于 2% ，判定为合格。

附　录　A
（规范性附录）
PCR 扩增反应液

PCR 扩增反应液配方如下：

DNA 模板	50 ng ~ 100 ng
10 倍扩增缓冲液	2.5 μL
$MgCl_2$（25 mmol/L）	2.0 μL
dNTP（10 mmol/L）	0.5 μL
引物 F（50 pmol/μL）	0.5 μL
引物 R（50 pmol/μL）	0.5 μL
Taq 酶（5 U/μL）	0.2 μL

加超纯水配制成 25 μL 的反应体系。

刺参　亲参和苗种
（GB/T 32756—2016）

1　范围

本标准规定了刺参［*Apostichopus japonicus*（Selenka）］亲参、苗种的来源、规格、质量要求、检验方法、检验规则、亲参采捕要求、苗种计数方法和运输要求。

本标准适用于刺参增养殖过程中亲参、苗种的质量评定。

2　规范性引用文件

下列文件对于本文件的应用是必不可少的。凡是注日期的引用文件，仅注日期的版本适用于本文件。凡是不注日期的引用文件，其最新版本（包括所有的修改单）适用于本文件。

GB 11607　渔业水质标准

GB/T 20361　水产品中孔雀石绿和结晶紫残留量的测定　高效液相色谱荧光检测法

GB/T 21311　动物源性食品中硝基呋喃类药物代谢物残留量检测方法　高效液相色谱/串联质谱法

SC/T 3018　水产品中氯霉素残留量的测定　气相色谱法

NY 5070　无公害食品　水产品中渔药残留限量

3　术语和定义

下列术语和定义适用于本文件。

3.1

体长　body length

当刺参在水中自然水平伸展时，从触手基部沿身体纵轴方向至身体后端的距离。

3.2

体重　body weight

刺参离水后吸去体表附带的水滴后所称得的重量。

3.3

伤残　wound and broken

由机械作用、疾病等原因导致刺参体表溃烂、损伤的情况。

3.4

排脏　discharge viscera

在不利条件的刺激下，刺参排出内脏的现象。

3.5

畸形率　rate of deformed individuals

畸形个体占苗种总数的百分比。

3.6

伤残率　rate of wound and broken individuals

苗种伤残个体数占苗种总数的百分比。

3.7

规格合格率　rate of qualified individuals for specifications

符合规格要求的刺参苗种数占苗种总数的百分比。

4　亲参

4.1　亲参来源

4.1.1　从自然海区或养殖池中采捕的发育良好的刺参。

4.1.2　宜采用各级刺参原良种场提供的亲参。

4.2　质量要求

4.2.1　体重

人工养殖亲参体重大于 200 g，野生亲参体重大于 250 g。

4.2.2　体长

体长大于 20 cm。

4.2.3　伤残情况

体表正常，无伤残、无排脏。

5　苗种

5.1　规格分类

苗种规格分类应符合表 1 的要求。

表 1　刺参苗种规格分类

暂养苗种		养殖苗种		
		小规格苗种	中规格苗种	大规格苗种
体重 m/g	$0.1 \leqslant m < 0.5$	$0.5 \leqslant m < 2$	$2 \leqslant m < 10$	$m \geqslant 10$

5.2　质量要求

5.2.1　苗种来源

5.2.1.1　由符合第 4 章规定的刺参亲体繁殖培育的苗种。

5.2.1.2　鼓励使用刺参原、良种场提供的优质苗种。

5.2.2　外观

体表干净无损伤，活力强，体态伸展，肉刺尖挺，对外界刺激反应灵敏，体色亮泽，受到震动后参苗收缩力有力、管足附着力强。

5.2.3　质量要求

苗种质量应符合表 2 的要求。

表 2　刺参苗种质量要求

项　目	大规格苗种	中规格苗种	小规格苗种	暂养苗种
规格合格率	≥90%	≥90%	≥90%	—
畸形率	≤1%	<2%	≤3%	<5%
伤残率	≤1%	≤3%	≤5%	≤8%

5.2.4　安全要求

不得检出氯霉素、硝基呋喃类代谢物和孔雀石绿等禁用药物，限用药物按 NY 5070 执行。

6　检验方法

6.1　亲参

6.1.1　来源查证

查阅亲本培育档案和繁殖生产记录。

6.1.2 体重

用纱布吸去亲参体表附水，用感量 1.0 g 的天平等衡器称其体重。

6.1.3 体长、伤残和排脏

把亲参放入透明、平底的容器（如玻璃缸等）中，容器内盛水应以能漫过亲参为宜，然后放在精度为 0.1 cm 的方格纸上，待亲参自然水平伸展时，由方格纸测量亲参的体长，也可以用直尺直接测量。同时肉眼观察检验亲参有无伤残。排脏个体体形明显萎缩或松软，可据此判定排脏与否。

6.2 苗种

6.2.1 外观

将苗种放入白瓷盘中，在自然光下用肉眼观察。

6.2.2 规格合格率

将苗种从水中捞出，沥干至没有水滴连续滴下，用感量 0.1 g 的天平分别称其体重，算出规格合格率。

6.2.3 畸形率和伤残率

把样品置于容器内，加入洁净海水至完全淹没海参苗，通过感官检验，统计畸形个体和伤残个体，算出畸形率和伤残率。

6.2.4 安全检测

氯霉素按 SC/T 3018 规定执行，硝基呋喃类代谢物按 GB/T 21311 的规定执行，孔雀石绿按 GB/T 20361 规定执行，其他药物按 NY 5070 执行。

7 检验规则

7.1 亲参

7.1.1 亲参销售时及繁殖前应进行检验。

7.1.2 体重、体长、伤残和排脏情况应逐个检验，其他要求每批亲参抽取 30 个～50 个个体进行检测。

7.1.3 按第 4 章的要求逐项检验，有一项不合格的，则判定为不合格亲参。

7.2 苗种

7.2.1 苗种销售交货或放养时应进行检验。

7.2.2 组批规则：一个销售批作为一个检验批。

7.2.3 抽样：对一个检验批随机多点取样，抽样总数大规格苗种不少于 50 头，中规格苗种不少于 100 头，小规格苗种不少于 500 头，暂养苗种不少于 1 000 头。

7.2.4 判定规则：经检验，如有不合格项，应对原检验批加倍取样复验一次，以复验结果为准。经复验，如仍有不合格项，则判定该批苗种为不合格。

8 亲参采捕要求

自然海区应在亲参产卵期前 7 d～10 d 采捕，池养亲参可在产卵前 3 d～5 d 采捕。若常温育苗，当自然海区水温达到 16 ℃～17 ℃、养殖池水温达到 18 ℃ 左右时采捕亲参，用于升温促熟培育的亲参，可根据需要提前 2 个月～3 个月采捕。

9 苗种计数

采用重量计数法，将苗种按表 1 分类，对各类苗种抽样称重计数，抽样量按表 3 执行，分别计算单位重量的苗种数；然后对各类苗种称总重，重复计数一次，取算数平均值，求出各类苗种的数量。

表3　不同规格苗种抽样量

单位为千克

苗种规格	大规格苗种	中规格苗种	小规格苗种	暂养苗种
抽样量	2	1	0.5	0.1

10　运输要求

10.1　亲参运输要求

10.1.1　运输用水

应符合 GB 11607 的要求，水温变化不大于 5 ℃，盐度变化不大于 3。

10.1.2　干运法

亲参放入聚乙烯塑料袋内，袋内加少量清洁海水并充氧，封口后放入无毒、无污染的保温箱内，箱内加适量冰块降温。防止亲参互相挤压、碰撞和摩擦。当水温控制在 11 ℃～15 ℃，运输时间 6 h 以内，当水温控制在 6 ℃～10 ℃，运输时间不超过 15 h。

10.1.3　水运法

可用内衬无毒塑料袋的容器，盛水 1/2～2/3，亲参放入塑料袋内，塑料袋内持续充气，塑料袋外可适量加冰以降低水温。运输密度不宜超过 150 头/m³。当温度控制在 11 ℃～15 ℃，运输时间不超过 8 h；当温度控制在 6 ℃～10 ℃，运输时间不超过 15 h。

10.2　苗种运输要求

10.2.1　运输用水

应符合 GB 11607 的要求，运输水温和养殖水温的温差不大于 2 ℃，盐度变化不大于 3。

10.2.2　干运法

将参苗剥离后分层放入塑料箱等硬质容器内运输，箱内铺海水润湿的纱布，水温 18 ℃以下时，运输 8 h 以内可用此法。也可将剥离后的苗种直接放入塑料袋，塑料袋中加入少量洁净海水并充氧，扎紧塑料袋口后放入泡沫箱中封箱运输，塑料袋外可放适量冰袋或冰瓶。或将剥离后的苗种直接放入专用多层泡沫箱中，用胶带封箱。运输期间水温控制在 5 ℃～10 ℃以下，运输时间不超过 18 h。装运过程中，防风干、雨淋、日晒。

10.2.3　水运法

苗种剥离后放入加入约 1/3 海水的容器中，水面放适量无毒泡沫板等以防水震荡溅出，充氧；或将剥离后的苗种装入盛有约 2/3 容积海水的塑料袋中，充氧后封闭，放入泡沫箱中运输，水温在 18 ℃以下，装入苗种的密度按水体计，大规格、中规格苗种不大于 200 g/L，小规格苗种和暂养苗种不大于 100 g/L。运输时间不超过 20 h。

食品安全国家标准 干海参
（GB 31602—2015）

1 范围

本标准适用于干海参。

2 术语和定义

2.1 干海参

以刺参等海参为原料，经去内脏、煮制、盐渍（或不盐渍）、脱盐（或不脱盐）、干燥等工序制成的产品；或以盐渍海参为原料，经脱盐（或不脱盐）、干燥等工序制成的产品。

注：在刺参收获的季节，通常的做法是将鲜刺参煮制、盐渍，制成半成品（即盐渍海参），贮存于冷库中，做为干海参生产的原料贮备。

2.2 复水后干重率

干海参复水后，再烘干所得到的干物质质量的百分率。

3 技术要求

3.1 感官要求

感官要求应符合表 1 的规定。

表 1 感官要求

项 目	要 求	检验方法
色泽	黑褐色、黑灰色、灰色或黄褐色等自然色泽，表面或有白霜，色泽较均匀	取适量试样平摊于白色瓷盘内，在自然光下观察色泽和组织状态，嗅其气味
气味	具海参特有的鲜腥气味，无异味	
状态	呈海参自然外观，允许有少量石灰质露出，刺参棘挺直、基本完整	

3.2 理化指标

理化指标应符合表 2 的规定。

表 2 理化指标

项 目	指 标	检验方法
蛋白质/（g/100 g） ≥	40	取根据本标准 A.2 处理后的样品，按 GB 5009.5 的规定检验
水分/（g/100 g） ≤	15	取根据本标准 A.2 处理后的样品，按 GB 5009.3 的规定检验
盐分/（g/100 g） ≤	40	取根据本标准 A.2 处理后的样品，按 GB 5009.44 的规定检验
水溶性总糖/（g/100 g） ≤	3	取按本标准 A.3.4.4 得到的试液 100 mL，按 GB/T 15672 的规定检验。必要时稀释试液
复水后干重率/% ≥	40	附录 A 中 A.4
含砂量/（g/100 g） ≤	3	附录 A 中 A.5

3.3　污染物限量

污染物限量应符合 GB 2762 中棘皮类的规定。

3.4　兽药残留限量

兽药残留量应符合国家有关规定和公告。

4　其他

4.1　标签中应标示产品盐分含量范围。

4.2　污染物的检验：取 A.3.4.2 复水后试样进行污染物的检测，检测方法按 GB 2762 的规定进行，检验结果以复水后样品质量计。

4.3　兽药残留的检验：取 A.3.4.2 复水后试样进行兽药残留的检测，检测方法采用我国已公布的适用于海参中兽药残留检测的相关方法标准，检验结果以复水后样品质量计。

附 录 A

检验方法

A.1 一般规定

本标准除另有规定外，所有试剂的纯度应在分析纯以上，所用标准滴定溶液、杂质测定用标准溶液、制剂及制品，应按 GB/T 601、GB/T 602、GB/T 603 的规定制备，实验用水应符合 GB/T 6682 中三级水的规定。试验中所用溶液在未注明用何种试剂配制时，均指水溶液。

A.2 样品前处理

A.2.1 取至少 3 只干海参，放入高速粉碎机粉碎（25 000 r/min，10 s/次~15 s/次），应多次粉碎，至试样全部通过 830 μm（20 目）筛，处理后的试样应密封、备用。

A.2.2 经本方法处理的样品，主要用于蛋白质、水分、盐分等指标的检测。

A.3 干海参的复水

A.3.1 预浸泡

取 2 只~3 只干海参，称重约 10 g（m_1，精确至 0.01 g），置于 1 000 mL 烧杯中，倒入水（水量约为海参质量的 50 倍，并应浸没参体），再盖上表面皿，室温浸泡 24 h。

A.3.2 清洗

在浸泡液中剖开海参体，清洗海参体附着的泥砂，去除嘴部石灰质后，切成宽约 5 mm 条状；将海参体、泥砂及嘴部石灰质均保留在原浸泡液中。

A.3.3 水煮

将经 A.3.2 处理的试样及浸泡液于原烧杯中，盖上表面皿，大火煮沸，然后调至小火，保持沸腾继续煮 30 min，晾至室温后，置于 0 ℃~10 ℃ 冰箱中，放置 20 h。煮沸及浸泡过程中应保持水量浸没参体。

A.3.4 试样

A.3.4.1 将 A.3.3 处理的浸出液及海参体全部倒入 1 000 mL 量筒中，定容至 600 mL，混匀。

A.3.4.2 取出海参放入烧杯中，加入 600 mL 水，按 A.3.3 的方法再水煮一次、将在冰箱放置后的海参取出，用滤纸吸去表面水分，绞碎备用于污染物及兽药残留项目的检测。

A.3.4.3 过滤浸泡液，将其全部转移至无灰滤纸中，用于含砂量的检测。

A.3.4.4 所得滤液用于水溶性总糖的检测。当测试液中糖含量高时，应用水稀释后再测；测试液中适宜的糖含量为 30 μg/mL~70 μg/mL。

A.4 干海参中复水后干重率的检验方法

A.4.1 原理

将干海参复水，去除海参体内各种水溶性物质，再将海参体烘干所得到的干物质的质量分数。

A.4.2 仪器和设备

A.4.2.1 烧杯：高型，1 000 mL。

A.4.2.2 称量瓶。

A.4.2.3 电热恒温干燥箱。

A.4.2.4 干燥器：内附有效干燥剂。

A.4.2.5 天平：感量为 0.1 mg。

A.4.3　分析步骤

A.4.3.1　取整只干海参，称重（m_2，精确至 0.000 1 g），置于 1 000 mL 烧杯中，倒入水（水量约为海参质量的 50 倍，并应浸没参体），盖上表面皿，室温浸泡 24 h；剖开海参体，在原浸泡液中清洗参体内附着的泥砂，仔细去除嘴部石灰质。

A.4.3.2　将洗好的海参，切成宽约 5 mm 的条，放入洁净的烧杯中，倒入水（水量约为海参质量的 50 倍，并应浸没参体），盖上表面皿，大火煮沸，然后调至小火，保持微沸 30 min 后，凉至室温，补水至原刻度，置于 0 ℃ ~ 5 ℃ 冰箱中，放置 18 h ~ 20 h。

A.4.3.3　用已恒重的滤纸过滤后，再将试样切为约 3 mm × 3 mm 小块，连同滤纸置入已恒重的称量瓶中，于 101 ℃ ~ 105 ℃ 烘箱中烘 8 h 以上（至恒重），于干燥器中冷却 30 min，称重（m_3，精确至 0.000 1 g）。

A.4.4　分析结果的表述

复水后干重率按式（A.1）计算，计算结果以重复性条件下获得的两次独立测定结果的算术平均值表示，结果保留三位有效数字。

$$X_1 = \frac{m_3}{m_2} \times 100 \qquad \cdots\cdots\cdots\cdots\cdots\cdots\cdots\cdots\cdots\cdots\cdots\cdots\cdots\cdots\cdots\cdots \text{（A.1）}$$

式中：

X_1——试样中复水后干重率，单位为克每 100 克（g/100 g）；

m_3——试样干燥后的质量，单位为克（g）；

m_2——试样的质量，单位为克（g）。

A.4.5　精密度

在重复性条件下获得的两次独立测定结果的绝对偏差不得超过算术平均值的 5%。

A.5　干海参中含砂量的检验方法

A.5.1　原理

将干海参浸泡清洗后，进行过滤，所得残渣灼烧后得到的干物质的质量分数。

A.5.2　仪器和设备

A.5.2.1　坩埚。

A.5.2.2　电炉。

A.5.2.3　高温炉。

A.5.2.4　天平：感量为 0.1 mg。

A.5.3　分析步骤

将 A.3.4.3 得到的过滤物连同无灰滤纸包好置入已干燥称重的坩埚中，将坩埚置于电炉上炭化，再移入高温炉中，550 ℃ ± 25 ℃ 灼烧 4 h，至颜色变白。取出坩埚，在空气中冷却 1 min 后，放入干燥器中冷却 30 min，称重（m_4，精确至 0.000 1 g）。

A.5.4　分析结果的表述

含砂量按式（A.2）计算，计算结果以重复性条件下获得的两次独立测定结果的算术平均值表示，结果保留三位有效数字。

$$X_2 = \frac{m_4}{m_1} \times 100 \qquad \cdots\cdots\cdots\cdots\cdots\cdots\cdots\cdots\cdots\cdots\cdots\cdots\cdots\cdots\cdots \text{（A.2）}$$

式中：

X_2——试样中的含砂量，单位为克每 100 克（g/100 g）；

m_4——灼烧后残渣的质量，单位为克（g）；

m_1——试样的质量，单位为克（g）。

A.5.5　精密度

在重复性条件下获得的两次独立测定结果的绝对偏差不得超过算术平均值的 5%。

干海参等级规格
（GB/T 34747—2017）

1　范围

本标准规定了干海参等级规格的要求、试验方法、检验规则、标签、包装、运输、贮存。

本标准适用于以刺参（*Stichopus japonicus*）为原料，经去内脏、煮制、干燥等工序制成的干海参。以其他品种海参为原料制成的干海参产品可参照执行。

2　规范性引用文件

下列文件对于本文件的应用是必不可少的。凡是注日期的引用文件，仅注日期的版本适用于本文件。凡是不注日期的引用文件，其最新版本（包括所有的修改单）适用于本文件。

GB 2733　食品安全国家标准　鲜、冻动物性水产品

GB 5461　食用盐

GB 5749　生活饮用水卫生标准

GB 7718　食品安全国家标准　预包装食品标签通则

GB/T 30891—2014　水产品抽样规范

GB 31602—2015　食品安全国家标准　干海参

JJF 1070　定量包装商品净含量计量检验规则

3　要求

3.1　原辅材料

3.1.1　刺参

应符合 GB 2733 的规定。

3.1.2　盐

应符合 GB 5461 的规定。

3.1.3　加工用水

加工用水应为饮用水或清洁海水。饮用水应符合 GB 5749 的规定，清洁海水中微生物、有害污染物的要求应达到 GB 5749 的规定。

3.2　规格

干海参规格按个体大小划分，以每 500 g 所含海参的数量确定规格，同规格个体大小应基本均匀。

3.3　感官要求

感官要求见表 1。

表 1　干海参的感官要求

项目	特级	一级	二级	三级
色泽	黑褐色、黑灰色、灰色或黄褐色等自然色泽，表面或有白霜，色泽较均匀			
气味	具海参特有的鲜腥气味，无异味			
外观	体形肥满，刺参棘挺直、整齐、无残缺，个体坚硬，切口整齐，表面无损伤，嘴部无石灰质露出	体形饱满，刺参棘挺直、较整齐、基本完整，个体坚硬，切口较整齐，嘴部基本无石灰质露出		体形较饱满，刺参棘挺直，基本完整，嘴部有少量石灰质露出

(续)

项目	特级	一级	二级	三级
杂质	无外来杂质			
复水后	体形肥满，肉质厚实，弹性韧性好，刺参棘挺直无残缺	体形饱满，肉质厚实有弹性，刺参棘挺直、较整齐		体形较饱满，肉质较厚实有弹性，刺参棘挺直，基本完整

3.4　理化要求

理化要求见表2。

表2　干海参理化指标

项目	特级	一级	二级	三级
蛋白质/%	≥60	≥55	≥50	≥40
水分/%	≤15			
盐分/%	≤12	≤20	≤30	≤40
水溶性总糖/（g/100 g）	≤3			
复水后干重率/%	≥65	≥60	≥50	≥40
含砂量/%	≤2		≤3	

3.5　安全指标

污染物、兽药残留等应符合 GB 31602—2015 的规定。

3.6　净含量

净含量偏差符合 JJF 1070 的规定。

4　试验方法

4.1　规格

随机抽取 10 只~20 只干海参，称重（精确至0.1 g），并换算为每500 g 样品中海参数量。

4.2　感官

4.2.1　复水前的感官

将样品平摊于白搪瓷盘内，于光线充足无异味的环境中，按3.3的要求检查色泽、气味、外观、杂质。

4.2.2　复水后感官

4.2.2.1　取三只干海参，置入 1 000 mL 高型烧杯中，倒入约 300 mL 蒸馏水（水量应浸没参体），再盖上表面皿，室温浸泡 18 h~24 h；剖开海参体，清洗附着的泥砂，去除嘴部石灰质。

4.2.2.2　另取一只 1 000 mL 高型烧杯，将洗好的海参置于其中，倒入约 300 mL 蒸馏水，盖上表面皿，大火煮沸，然后调至小火，保持沸腾 30 min，凉至室温后，置于 0 ℃~10 ℃冰箱中，放置 24 h；再重复煮沸一次，放置 24 h，即可。注意，煮沸过程中应保持水量浸没参体。

4.2.2.3　检查复水后海参的肉质、外形、弹性等。

4.3　蛋白质

按 GB 31602—2015 的规定执行。

4.4　水分

按 GB 31602—2015 的规定执行。

4.5　盐分

按 GB 31602—2015 的规定执行。

4.6 水溶性总糖

按 GB 31602—2015 的规定执行。

4.7 复水后干重率

按 GB 31602—2015 中 A.4 的规定执行。

4.8 含砂量

按 GB 31602—2015 中 A.5 的规定执行。

4.9 净含量检验

按 JJF 1070 规定的方法执行。

4.10 安全指标

按 GB 31602—2015 的规定执行。

5 检验规则

5.1 组批规则与抽样方法

5.1.1 组批规则

同一产地，同一条件下加工的同一品种、同一等级、同一规格的产品组成检查批；或以交货批组成检验批。

5.1.2 抽样方法

按 GB/T 30891—2014 的规定执行，抽样量为 200 g。

5.2 检验分类

5.2.1 出厂检验

每批产品应进行出厂检验。出厂检验由生产单位质量检验部门执行，检验项目为感官、水分、盐分、净含量检验合格签发检验合格证，产品凭检验合格证入库或出厂。

5.2.2 型式检验

有下列情况之一时，应进行型式检验。检验项目为本标准中规定的全部项目。

a）停产 6 个月以上，恢复生产时；

b）原料变化或改变主要生产工艺，可能影响产品质量时；

c）加工原料来源或生长环境发生变化时；

d）国家质量监督机构提出进行型式检验要求时；

e）出厂检验与上次型式检验有大差异时；

f）正常生产时，每年至少两次的周期性检验。

5.3 判定规则

5.3.1 感官检验所检项目全部符合 3.3 规定，合格样本数符合 GB/T 30891—2014 表 A.1 规定，则判本批合格。

5.3.2 规格应与产品的标识相符合；净含量应符合 JJF 1070 的规定。

5.3.3 其他项目检验结果全部符合本标准要求时，判定为合格。

5.3.4 所检项目检验结果中若有一项指标不符合标准规定时，允许加倍抽样将此项指标复验一次，按复验结果判定本批产品是否合格。

5.3.5 所检项目检验结果中若有两项或两项以上指标不符合标准规定时，则判定本批产品不合格。

6 标签、包装、运输、贮存

6.1 标签

销售包装的标签应符合 GB 7718 的规定，并标示产品盐分含量范围。

6.2　包装

6.2.1　包装材料

所用塑料袋、纸盒、瓦楞纸箱等包装材料应洁净、坚固、无毒、无异味，质量应符合相关食品安全标准规定。

6.2.2　包装要求

一定数量的小包装，再装入纸箱中。箱中产品要排列整齐，应有产品合格证。包装应牢固、防潮、不易破损。

6.3　运输

运输工具应清洁卫生，无异味，运输中防止受潮、日晒、虫害、有害物质的污染、不得靠近或接触腐蚀性的物质、不得与有毒有害及气味浓郁物品混运。

6.4　贮存

本品应贮存于干燥阴凉处，防止受潮、日晒、虫害、有害物质的污染和其他损害。

水产配合饲料 第7部分：刺参配合饲料
（GB/T 22919.7—2008）

1 范围

本标准规定了刺参配合饲料的术语和定义、产品分类、要求、检验方法、检验规则以及标签、包装、运输和贮存。

本标准适用于粉状和颗粒状刺参配合饲料。

2 规范性引用文件

下列文件中的条款通过本标准的引用而成为本标准的条款。凡是注日期的引用文件，其随后所有的修改单（不包括勘误的内容）或修订版均不适用于本标准，然而，鼓励根据本标准达成协议的各方研究是否可使用这些文件的最新版本。凡是不注日期的引用文件，其最新版本适用于本标准。

GB/T 5917.1 饲料粉碎粒度测定 两层筛筛分法

GB/T 5918 饲料产品混合均匀度的测定

GB/T 6003.1 金属丝编织网试验筛（GB/T 6003.1—1997，eqv ISO 3310-1：1990）

GB/T 6432 饲料中粗蛋白测定方法（GB/T 6432—1994，eqv ISO 5983：1979）

GB/T 6433 饲料中粗脂肪的测定（GB/T 6433—2006，ISO 6492：1999，IDT）

GB/T 6434 饲料中粗纤维的含量测定 过滤法（GB/T 6434—2006，ISO 6865：2000，IDT）

GB/T 6435 饲料中水分和其他挥发性物质含量的测定（GB/T 6435—2006，ISO 6496：1999，IDT）

GB/T 6436 饲料中钙的测定

GB/T 6437 饲料中总磷的测定 分光光度法

GB/T 6438 饲料中粗灰分的测定（GB/T 6438—2007，ISO 5984：2002，IDT）

GB/T 6439 饲料中水溶性氯化物的测定（GB/T 6439—2007，ISO 6495：1999，IDT）

GB/T 8946 塑料编织袋

GB 10648 饲料标签

GB 13078 饲料卫生标准

GB/T 14699.1 饲料 采样（GB/T 14699.1—2005，ISO 6497：2002，IDT）

GB/T 16764 配合饲料企业卫生规范

GB/T 18246 饲料中氨基酸的测定

GB/T 18823 饲料检测结果判定的允许误差

NY 5072 无公害食品 渔用配合饲料安全限量

JJF 1070 定量包装商品净含量计量检验规则

动物源性饲料产品安全卫生管理办法（中华人民共和国农业部令第40号）

3 术语和定义

下列术语和定义适用于本标准。

3.1

稚参 sea cucumber seed

幼体附着后至体长（自然伸展）≤1 cm 的刺参。

3.2

幼参 young sea cucumber

体长（自然伸展）1 cm～5 cm 的刺参。

3.3

养成参 grow–out sea cucumber

体长（自然伸展）5 cm 至培育成商品的刺参。

4 产品分类

刺参配合饲料产品分类及规格应符合表 1 的规定。

表 1 刺参配合饲料产品分类及规格

产品名称	颗粒规格	适用阶段
稚参配合饲料	0.075 mm 筛孔试验筛筛上物小于 5%	稚参
幼参配合饲料	0.125 mm 筛孔试验筛筛上物小于 5%	幼参
养成参配合饲料	0.180 mm 筛孔试验筛筛上物小于 5% 或制成颗粒	养成参

5 要求

5.1 感官指标

细度均匀一致，无霉变、结块和异味。

5.2 成品粒度

符合表 1 的要求。

5.3 水分

粉末状饲料水分含量不应高于 10%；颗粒状饲料水分含量不应高于 12%。

5.4 混合均匀度

刺参配合饲料混合均匀度的变异系数（CV）小于等于 10%。

5.5 营养成分指标

刺参配合饲料营养成分指标应符合表 2 规定。

表 2 营养成分指标

产品名称		稚参配合饲料	幼参配合饲料	养成参配合饲料
粗蛋白（CP）/%	≥	20	18	16
粗脂肪（EE）/%	≤	5	5	5
粗纤维（CF）/%	≤	6	8	8
水分（H_2O）/%	≤	10	10	10（颗粒料 12）
粗灰分（Ash）/%	≤	25	25	25
钙（Ca）/%	≥	1.3	1.3	1.3
总磷（P）/%		0.6～1.0	0.6～1.0	0.6～1.0
盐分（以 NaCl 计）/%	≤	3	3	3
赖氨酸（Lys）/%	≥	0.8	0.8	0.8

5.6 安全卫生指标

安全卫生指标符合 NY 5072 的规定。

5.7 原料要求

按 GB 13078 和《动物源性饲料产品安全卫生管理办法》的规定执行。

6 检验方法

6.1 感官要求

取 50 g 样品于 20 cm × 30 cm 白瓷方盘内，观察其细度、气味、状态是否正常，应符合 5.1 的要求。

6.2 粉碎粒度

根据表 1 的要求，选取符合 GB/T 6003.1 规定的 0.075 mm、0.125 mm、0.180 mm 试验筛，按 GB/T 5917.1 的规定执行。

6.3 混合均匀度

按 GB/T 5918 的规定执行。

6.4 粗蛋白

按 GB/T 6432 的规定执行。

6.5 粗脂肪

按 GB/T 6433 的规定执行。

6.6 粗纤维

按 GB/T 6434 的规定执行。

6.7 水分

按 GB/T 6435 的规定执行。

6.8 钙

按 GB/T 6436 的规定执行。

6.9 总磷

按 GB/T 6437 的规定执行。

6.10 粗灰分

按 GB/T 6438 的规定执行。

6.11 盐分

按 GB/T 6439 的规定执行。

6.12 赖氨酸

按 GB/T 18246 的规定执行。

7 检验规则

7.1 批次

在保证产品质量，原料、配方和生产工艺没有改变的情况下，以一个班次生产的一批成品，为一个检验批次。

7.2 采样方法

按 GB/T 14699.1 的规定执行。

7.3 检验分类

检验分出厂检验和型式检验。

7.3.1 出厂检验

7.3.1.1 出厂检验项目：感官指标、水分、粗蛋白质和成品粒度。

7.3.1.2 出厂检验由生产企业的质检部门进行。

7.3.1.3 判定：如检验中有一项指标不符合本标准要求，应进行复检，复检有一项指标不合格者即判定为不合格品，不合格的产品不可出厂销售。

7.3.2 型式检验

7.3.2.1 型式检验周期：型式检验每六个月至少检验一次，但有下列情况之一时，应进行型式检验：

a) 新产品投产时；

b) 正式生产以后，原料及配方有较大变化，可能影响产品质量时；

c) 停产 3 个月以上或工艺设备有较大改进及主要设备进行大修，重新恢复生产时；

d) 出厂检验与上次检验相差太大时；

e) 国家质量监督机构提出进行型式检验要求时。

7.3.2.2 型式检验由生产企业质检部门或委托法定饲料质检机构进行。

7.3.2.3 判定：型式检验中如有一项指标不符合本标准要求，应重新取样进行复检，复检结果中有一项不合格者即判定为不合格。

7.4 出厂

生产企业检验合格的产品，由质检部门签发检验合格证，产品凭检验合格证方可出厂。

7.5 允许误差

检验与仲裁判定各项指标合格与否时，应考虑分析允许误差，饲料检测结果判定的允许误差按 GB/T 18823 执行。

8 标签、包装、运输和贮存

8.1 标签

产品标签应符合 GB 10648 的规定。

8.2 包装

8.2.1 包装应符合 JJF 1070 的规定。

8.2.2 包装物采用复合编织袋，包装材料应符合 GB/T 8946 的要求。

8.3 运输

8.3.1 运输工具应符合 GB/T 16764 的要求。

8.3.2 运输工具和装卸场地应定期清洗和消毒。

8.3.3 不应与化肥、农药和其他化工产品混装混运。

8.4 贮存

8.4.1 饲料产品贮存应符合 GB/T 16764 的要求。

8.4.2 饲料贮存场地不应有有毒有害物质。

8.4.3 原包装在规定的贮存条件下保质期为 3 个月，开封后应尽快用完。

刺参人工繁育技术规范
（SC/T 2097—2019）

1 范围

本标准规定了刺参［*Apostichopus japonicus*（Selenka，1867）］人工繁育的环境及设施、亲参培育、受精与孵化、浮游幼体培育、稚幼参培育和中间培育的技术和要求。

本标准适用于刺参的人工繁育。

2 规范性引用文件

下列文件对于本文件的应用是必不可少的。凡是注日期的引用文件，仅注日期的版本适用于本文件。凡是不注日期的引用文件，其最新版本（包括所有的修改单）适用于本文件。

GB/T 32756　刺参　亲参和苗种

NY 5072　无公害食品　渔用配合饲料安全限量

NY 5362　无公害食品　海水养殖产地环境条件

SC/T 2037　刺参配合饲料

3 术语和定义

下列术语和定义适用于本文件。

3.1

性腺指数　gonad index

性腺重对体壁重的百分比。

4 环境及设施

4.1 环境

应符合 NY 5362 的规定，应选择在无大量淡水注入的海区近岸，盐度 26～35，pH 以 7.5～8.6 为宜。

4.2 设施

4.2.1 育苗车间

一般为低拱屋顶结构，每个跨度为 10 m～30 m，长 30 m～70 m。育苗池可为长方形的水池，容积以 10 m³～30 m³ 为宜、池深以 1.0 m～1.5 m 为宜。每池于一端设 1 个～2 个进水管，另一端设 1 个排水管，池底从进水端到排水端有 1%～2% 的坡度。

4.2.2 给排水系统

包括水泵、沉淀池、沙滤池和进排水管道系统。

4.2.3 充气系统

包括充气泵、输气管道和散气装置。

4.2.4 控温系统

根据情况采用锅炉、电热、地热、太阳能等升温。

4.2.5 其他设施

宜配备水质分析室、生物检查室等，有停电危险的育苗场还应自备发电设备。

5　亲参培育

5.1　亲参质量

应符合 GB/T 32756 的规定。

5.2　亲参来源

5.2.1　自然成熟亲参

当海水水温上升至 15 ℃～17 ℃时，抽样检查性腺指数，当性腺指数达到或超过 10%，开始采捕亲参。亲参入池水温应控制在 15 ℃～18 ℃，与采捕海区水温的温差应控制在 3 ℃以内。暂养密度以 15 ind/m³～30 ind/m³ 为宜。

5.2.2　人工促熟亲参

培育密度以 15 ind/m³～30 ind/m³ 为宜。每日升温 0.5 ℃～1.0 ℃，逐步升到 15 ℃～17 ℃后，恒温培育。

5.3　投喂

培育时间少于 7 d，亲参一般不投喂饲料。培育时间长于 7 d，应投喂饲料。配合饲料日投喂量控制在亲参体重的 3%～5% 为宜，混合 2 倍～5 倍海泥投喂。所有配合饲料应符合 SC/T 2037 和 NY 5072 的规定。

5.4　日常管理

日换水量为水体的 50%～100%，每 3 d～5 d 倒池一次，同时清除池内亲参粪便和其他污物。溶解氧≥5 mg/L，光照强度≤2 000 lx。

6　受精与孵化

6.1　人工刺激及受精

当发现部分亲参在水体表层沿池壁活动频繁，或者已出现少量雄参排精时，应做好采卵准备。可采取人工刺激的方式获得精、卵。人工刺激宜在傍晚进行，将亲参阴干 45 min～60 min，流水刺激 10 min～15 min，然后注入比原培育水温高 3 ℃～5 ℃的过滤海水。发现雄参排精后即捞出，以避免精子过多。

6.2　孵化

受精卵密度≤10 ind/mL，水温 18 ℃～25 ℃，应持续微量充气或搅动。

7　浮游幼体培育

7.1　选优布池

采用拖网或虹吸浓缩法选择上浮小耳幼体，选优网箱用孔径 48 μm～75 μm 尼龙筛绢制作。幼体布池密度以 0.1 ind/mL～0.3 ind/mL 为宜。

7.2　饵料投喂

饵料以牟氏角毛藻（*Chaetoceros muelleri*）、杜氏盐藻（*Dunaliella salina*）、小新月菱形藻（*Nitzschia closterium f. minutissima*）、三角褐指藻（*Phaeodactylum tricornutum*）为宜。日投饵 2 次～4 次，小耳幼体日投喂量为 2.5×10⁴ cell/mL～3.0×10⁴ cell/mL，中耳幼体 3.0×10⁴ cell/mL～3.5×10⁴ cell/mL，大耳幼体 3.5×10⁴ cell/mL～4.0×10⁴ cell/mL。也可采用面包酵母或海洋红酵母作为饵料，日投饵量为 2.0×10⁴ cell/mL～4.0×10⁴ cell/mL。面包酵母或海洋红酵母可以单独投喂，也可以和单细胞藻类混合投喂。

7.3　日常管理

小耳幼体入池初期，培育水深 0.5 m，以后每天加水 10 cm～15 cm，待水位达到 1.0 m 后，开始每日换水 1 次，换水量为 25%～50%，温差应小于 1 ℃；培育期间持续微量充气。水温 18 ℃～23 ℃，溶解氧≥5 mg/L，光照强度≤2 000 lx。

8 稚幼参培育

8.1 附着

在大耳幼体后期3个初级口触手出现至樽形幼体出现期间放置附着基。附着基材料可采用聚乙烯波纹板，附着基表面积与池底面积比例以15:1～30:1为宜。

8.2 饲料种类和投喂量

稚幼参饲料宜采用鼠尾藻粉、马尾藻粉、石莼粉、人工配合饲料和海泥。稚参阶段，藻粉或配合饲料与海泥的比例为1:1～1:4；幼参阶段，藻粉或配合饲料与海泥的比例为1:4～1:7。藻粉或配合饲料的投喂量为稚幼参体重的5%～10%，根据摄食情况适当调整。

8.3 日常管理

日换水量为50%～200%。持续微量充气，溶解氧≥5 mg/L。光照≤2 000 lx，光线应均匀。

9 中间培育

9.1 室内中间培育

9.1.1 环境

同4.1。

9.1.2 设施

同4.2。

9.1.3 附着基设置

附着基材料可采用聚乙烯波纹板、尼龙网片等，附着基表面积与池底面积比例以10:1～20:1为宜。

9.1.4 布苗

参苗规格 20×10^4 ind/kg～40×10^4 ind/kg，以 1×10^4 ind/m³～3×10^4 ind/m³ 的密度进行布苗。

9.1.5 饲料种类和投喂量

同8.2。

9.1.6 日常管理

日换水量为50%～200%，持续微量充气，溶解氧≥5 mg/L，光照≤2 000 lx，光线应均匀。根据水质、水温、苗种密度、病害等情况，3 d～15 d倒池一次。

9.1.7 分苗

当参苗个体之间大小差异明显，应用不同孔径的筛子将参苗分离，按不同规格分别进行培育，根据规格及时调整密度，各规格参苗培育密度见表1。

表1 不同规格稚幼参的培育密度

规　　格 ×10⁴ ind/kg	培育密度 ind/m³
2～20	0.2×10^4～1.0×10^4
0.2～2	0.1×10^4～0.5×10^4
≤0.2	0.05×10^4～0.20×10^4

9.2 室外中间培育

9.2.1 环境条件

应符合 NY 5362 的规定。可选择池塘或内湾。池塘宜采用长方形，水深为1.5 m～3.0 m，应配有进排水系统。内湾低潮时水深应在3.0 m以上。

9.2.2 水质条件

应符合 NY 5362 的规定，盐度 26 ~ 32，pH7.5 ~ 8.6 为宜，溶解氧≥5 mg/L。

9.2.3 设施

9.2.3.1 网箱

网箱由尼龙网或聚乙烯网制成。在池塘内，网箱规格一般为（2 ~ 4）m×（1 ~ 2）m×（1 ~ 2）m；在内湾，网箱规格一般为（4 ~ 5）m×（4 ~ 5）m×（2 ~ 5）m。

9.2.3.2 网箱设置

在池塘或内湾中设置浮筏，浮筏上放置网箱，多个网箱串联成一排，箱距 0.5 m 左右，排距 3 m ~ 10 m。池塘中设置的网箱总面积占池塘面积比例低于 30%。网箱四边应高出水面 10 cm ~ 35 cm。网箱底距离池塘底或海底不低于 0.5 m。

9.2.3.3 附着基

由波纹板、聚乙烯网片或尼龙网片制成。

9.2.3.4 附着基前期处理

附着基在 0.05% ~ 0.10% 的 NaOH 或草酸溶液中浸泡 1 d 后，用清洁的海水冲洗干净。投放前 10 d ~ 15 d 放入海水中。

9.2.3.5 附着基投放

波纹板、聚乙烯网片或尼龙网片连接成串后吊挂于网箱内。每 1 m^3 水体投放附着基表面积≤5 m^2。

9.2.4 投苗

以 3×10^3 ind/m^3 ~ 10×10^3 ind/m^3 的密度投放 1×10^5 ind/kg ~ 2×10^5 ind/kg 的参苗。

9.2.5 饲料投喂

根据摄食情况和网箱底部的残饵及粪便情况适量投喂配合饲料和海泥。饲料的日投喂量为参苗体重的 0.5% ~ 1.0%。

9.2.6 水质管理

溶解氧≥5 mg/L，池水透明度以 40 cm ~ 50 cm 为宜。

9.2.7 日常监测

每天测量记录水温、盐度、透明度、pH 等指标。观察参苗的摄食与生长情况。定期检查网箱有无破损。

9.2.8 更换网箱

根据参苗生长情况更换网箱，不同规格参苗所用网箱网衣规格见表2。

表2　不同规格参苗所用网箱网衣孔径

规　格 ×10^4 ind/kg	网箱网衣孔径 μm
2 ~ 20	250
1 ~ 2	420
0.2 ~ 1	600
<0.2	2 400

9.2.9 分苗

当参苗个体之间大小差异明显，应用不同规格网目的筛子将参苗分离，按不同规格分别进行培育，根据规格及时调整密度，不同规格参苗培育密度见表3。

表3　不同规格参苗的培育密度

规　格 $\times 10^4$ ind/kg	培育密度 ind/m^3
>10	3 000 ~ 10 000
1 ~ 10	1 000 ~ 3 000
0.1 ~ 1	500 ~ 1 000
<0.1	100 ~ 500

盐 渍 海 参
(SC/T 3215—2014)

1 范围

本标准规定了盐渍海参的要求、试验方法、检验规则及标签、包装、运输、贮存。

本标准适用于以鲜、活刺参（*Stichopus japonicus*）为原料，经去内脏、清洗、预煮、盐渍等工艺制成的产品。以其他品种海参为原料加工的产品可参照执行。

2 规范性引用文件

下列文件对于本文件的应用是必不可少的。凡是注日期的引用文件，仅注日期的版本适用于本文件。凡是不注日期的引用文件，其最新版本（包括所有的修改单）适用于本文件。

GB 2733　鲜、冻动物性水产品卫生标准

GB 2762　食品安全国家标准　食品中污染物限量

GB 3097　海水水质标准

GB 5009.3　食品安全国家标准　食品中水分的测定

GB 5009.5　食品安全国家标准　食品中蛋白质的测定

GB 5461　食用盐

GB 5749　生活饮用水卫生标准

GB 7718　食品安全国家标准　预包装食品标签通则

GB 28050　食品安全国家标准　预包装食品营养标签通则

JJF 1070　定量包装商品净含量计量检验规则

SC/T 3011　水产品中盐分的测定

SC/T 3016—2004　水产品抽样方法

农业部公告第 235 号　动物性食品中兽药残留最高限量

3 要求

3.1 原辅材料
3.1.1 鲜、活刺参
应符合 GB 2733 的规定。

3.1.2 盐
应符合 GB 5461 的规定。

3.1.3 加工用水
加工用水应为饮用水或清洁海水。饮用水应符合 GB 5749 的规定，清洁海水应符合 GB 3097 中一类海水的规定。

3.2 产品规格
同规格个体大小应基本均匀，单位重量所含的数量应与标示规格一致。

3.3 感官要求
应符合表 1 的规定。

表1 感官要求

项 目	一级品	二级品	合格品
色泽	黑色或褐灰色		
组织	肉质组织紧密，富有弹性	肉质组织较紧密，有弹性	
形态	体形完整，肉质肥满，刺挺直，切口整齐	体形完整，肉质较肥满，刺较挺直，切口较整齐	
气味与滋味	具本产品固有气味与滋味，无异味		
其他	无混杂物		

3.4 理化指标

应符合表2的规定。

表2 理化指标

单位为百分率

项 目	一级品	二级品	合格品
蛋白质	≥12	≥9	≥6
盐分（以 NaCl 计）	≤20	≤22	≤25
水分	≤65		
附盐	≤3.0		

3.5 净含量

应符合 JJF 1070 的规定。

3.6 污染物

应符合 GB 2762 的规定。

3.7 兽药残留

应符合农业部公告第 235 号的规定。

4 试验方法

4.1 产品规格

取 10 只~20 只盐渍海参，称重（精确至 0.1 g），并换算为每 500 g 样品中海参数量。

4.2 感官

将样品平摊于白搪瓷盘内，按 3.3 的要求逐项检验，并检查海参体内部。

4.3 蛋白质

4.3.1 去除试样上附盐，用滤纸沾除试样体表水分后，绞碎备用。

4.3.2 取按 4.3.1 处理的试样，按 GB 5009.5 的规定执行。

4.4 盐分

取按 4.3.1 处理的试样，按 SC/T 3011 的规定执行。

4.5 水分

取按 4.3.1 处理的试样，按 GB 5009.3 的规定执行。

4.6 附盐

取至少 3 只海参，称重 m_1（精确至 0.01 g），去除海参体表及体内附着的肉眼可见盐粒，再称海参重 m_2，附盐含量按式（1）计算，至少做两个平行样。

$$X = \frac{m_1 - m_2}{m_1} \times 100 \quad\cdots\cdots\cdots\cdots\cdots\cdots\cdots\cdots\cdots\cdots \quad (1)$$

式中：

X　——附盐含量，单位为百分率（%）；

m_1　——试样质量，单位为克（g）；

m_2　——去除附盐后试样质量，单位为克（g）。

4.7　净含量检验

按 JJF 1070 规定的方法执行。

4.8　污染物

4.8.1　试样处理：取 2 只海参，清洗并去除嘴部石灰质后，置入 1 000 mL 高型烧杯中，倒入约 800 mL 蒸馏水（水量应浸没参体），盖上表面皿，大火煮沸；然后，调至小火，保持沸腾 30 min，凉至室温后，换水后置于 0℃ ~10℃ 冰箱中，放置 24 h；再重复煮沸一次，放置 24 h 后，取出，用滤纸沾除体表水分，绞碎备用。

注意：煮沸过程中应保持水量浸没参体。

4.8.2　取按 4.8.1 处理的试样进行污染物的检测，检测方法按 GB 2762 的规定执行。

4.9　兽药残留

取按 4.8.1 处理的试样进行兽药残留的检测，检测方法采用我国已公布的适用于海参中兽药残留检测的相关方法标准。

5　检验规则

5.1　组批规则与抽样方法

5.1.1　组批规则

同一产地，同一条件下加工的同一品种、同一等级、同一规格的产品组成检查批；或以交货批组成检验批。

5.1.2　抽样方法

按 SC/T 3016—2004 规定执行。

5.2　检验分类

产品分为出厂检验和型式检验。

5.2.1　出厂检验

每批产品必须进行出厂检验。出厂检验由生产单位质量检验部门执行，检验项目为感官、盐分、水分、附盐。检验合格签发检验合格证，产品凭检验合格证入库或出厂。

5.2.2　型式检验

有下列情况之一时，应进行型式检验。检验项目为本标准中规定的全部项目。

　　a)　长期停产，恢复生产时；

　　b)　原料变化或改变主要生产工艺，可能影响产品质量时；

　　c)　加工原料来源或生长环境发生变化时；

　　d)　国家质量监督机构提出进行型式检验要求时；

　　e)　出厂检验与上次型式检验有大差异时；

　　f)　正常生产时，每年至少 2 次的周期性检验。

5.3　判定规则

5.3.1　感官检验所检项目全部符合 3.4 条规定，合格样本数符合 SC/T 3016—2004 中表 A.1 的规定，则判本批合格。

5.3.2　规格应与产品标示相符合；每批平均净含量不得低于标示量。

5.3.3　所检项目中若有一项指标不符合标准规定时，允许加倍抽样将此项指标复验一次，按复验结果判定本批产品是否合格。

5.3.4 所检项目中若有两项或两项以上指标不符合标准规定时，则判本批产品不合格。

6 标签、包装、运输、贮存

6.1 标签

预包装产品的标签必须符合 GB 7718 及 GB 28050 的规定，并标明产地及食用方法。散装销售的产品应有同批次的产品质量合格证书。

6.2 包装

6.2.1 包装材料

所用塑料袋、纸盒、瓦楞纸箱等包装材料应洁净、坚固、无毒、无异味，质量符合相关食品卫生标准规定。

6.2.2 包装要求

箱中产品要求排列整齐，箱中应有产品合格证。包装应牢固、防潮、不易破损。

6.3 运输

运输工具应清洁卫生、无异味；运输中防止受潮、日晒、虫害、有害物质的污染；不得靠近或接触腐蚀性的物质；不得与有毒有害及气味浓郁物品混运。

6.4 贮存

6.4.1 本品应贮存于0℃以下的仓库。贮存仓库必须清洁、卫生、无异味，有防鼠防虫设施，并防止有害物质污染和其他损害。

6.4.2 不同品种、规格、批次的产品应分别堆垛，并用木板垫起，与地面距离不少于 10 cm，与墙壁距离不少于 30 cm，堆放高度以纸箱受压不变形为宜。

速食干海参
（SC/T 3307—2021）

1 范围

本文件规定了速食干海参的术语和定义、要求、试验方法、检验规则、标签、标志、包装、运输和储存。

本文件适用于以鲜活、冷冻、盐渍的刺参（*Stichopus japonicus*）为原料，经去内脏、熟制、干燥等工序制成的干海参产品，包括速发干海参和冻干海参。以其他品种海参为原料加工的此类产品可参照执行。

2 规范性引用文件

下列文件中的内容通过文中的规范性引用而构成本文件必不可少的条款。其中，注日期的引用文件，仅该日期对应的版本适用于本文件；不注日期的引用文件，其最新版本（包括所有的修改单）适用于本文件。

GB/T 191 包装储运图示标志

GB 2733 食品安全国家标准 鲜、冻动物性水产品

GB 5009.3 食品安全国家标准 食品中水分的测定

GB 5009.5 食品安全国家标准 食品中蛋白质的测定

GB 5009.44 食品安全国家标准 食品中氯化物的测定

GB 5749 生活饮用水卫生标准

GB 7718 食品安全国家标准 预包装食品标签通则

GB 28050 食品安全国家标准 预包装食品营养标签通则

GB/T 30891 水产品抽样规范

GB 31602 食品安全国家标准 干海参

GB/T 36193 水产品加工术语

JJF 1070 定量包装商品净含量计量检验规则

SC/T 3215 盐渍海参

3 术语和定义

GB/T 36193 界定的以及下列术语和定义适用于本文件。

3.1

速发干海参 quick rehydrating dried sea cucumber

海参经去内脏、去除嘴部石灰质（沙嘴）、脱盐（或不脱盐）、预煮、熟化、干燥等工序制成的，在 70 ℃以上热水中浸没保温 12 h 以内即可食用的产品。

3.2

冻干海参 lyophilized sea cucumber

海参经去内脏、去除嘴部石灰质（沙嘴）、脱盐（或不脱盐）、预煮、熟化、泡发、冷冻干燥等工序制成的，在低于 10 ℃冷水中浸泡 8 h~10 h 即可食用的产品。

4 要求

4.1 原料

鲜活、冷冻刺参应符合 GB 2733 的规定，盐渍刺参还应符合 SC/T 3215 的规定。

4.2 加工用水

应符合 GB 5749 的规定。

4.3 感官要求

应符合表 1 的规定。

表 1 感官要求

项　目	要　求	
	速发干海参	冻干海参
色泽	呈黑褐色、黑灰色或黄褐色等，色泽较均匀	呈黑灰色或灰白色，色泽较均匀
外观	体形完整紧致，海参棘完整，表面无损伤	体形完整饱满，海参棘基本无残缺，表面无损伤
组织形态	复水后外形肥满，肉质厚实，弹性及韧性好	复水后外形肥满，肉质厚实，弹性及韧性较好
气味	具海参特有的鲜腥气味，无异味	
杂质	无正常视力可见外来杂质	

4.4 理化指标

速发干海参的理化指标应符合表 2 的规定，冻干海参的理化指标应符合表 3 的规定。

表 2 速发干海参的理化指标

项　目	要　求	
	优级品	合格品
蛋白质，g/100 g	≥66	≥60
氯化物（以 Cl⁻计），%	≤3	≤8
复水后干重率，%	≥80	≥70
水分，g/100 g	≤15	
水溶性总糖，g/100 g	≤3	
泡发倍数	≥7	

表 3 冻干海参的理化指标

项　目	要　求
蛋白质，g/100 g	≥70
水分，g/100 g	≤12
氯化物（以 Cl⁻计），%	≤0.7

4.5 安全指标

污染物、兽药残留应符合 GB 31602 的规定，检验结果以复水后样品质量计。

4.6 净含量

预包装产品的净含量应符合 JJF 1070 的规定。

5 试验方法

5.1 感官检验

在光线充足、无异味或其他干扰的环境下，将试样置于洁净的白色托盘上进行感官检验，按 4.3 的要求逐项检验。复水按 5.5 的规定执行。

5.2 蛋白质

按 GB 5009.5 的规定执行。

5.3 水分

按 GB 5009.3 的规定执行。

5.4　氯化物

按 GB 5009.44 的规定执行。

5.5　复水方法

取 3 只试样，分别放入 500 mL 的高型烧杯中，倒入 400 mL 煮沸的纯净水，立即置于已预热至 70 ℃ 的水浴锅中，盖上表面皿保温复水 8 h，浸泡过程中应保持水量浸没参体。

5.6　泡发倍数

取 3 只试样，称重（m_1，精确至 0.01 g），按 5.5 复水泡发后，用滤纸吸去表面水分，称重（m_2，精确至 0.01 g），计算复水后与复水前试样的质量比，即为泡发倍数，按公式（1）计算。

$$X_1 = \frac{m_2}{m_1} \quad\cdots\cdots\cdots\cdots\cdots\cdots\cdots\cdots\cdots\cdots\cdots\cdots\cdots\cdots\cdots\cdots\cdots\cdots\cdots\cdots\quad (1)$$

式中：

X_1——试样的泡发倍数；

m_1——试样质量的数值，单位为克（g）；

m_2——试样泡发后质量的数值，单位为克（g）。

5.7　复水后干重率

取 3 只试样，称重（m_1，精确至 0.01 g），按 5.5 复水泡发后，再将试样切为约 3 mm × 3 mm 小块，连同滤纸置入已恒重的称量瓶中，于 101 ℃ ~ 105 ℃ 烘箱中烘 8 h 以上（至恒重），于干燥器中冷却 30 min，称重（m_3，精确至 0.01 g）。复水后干重率按公式（2）计算。在重复性条件下获得的 2 次独立测定结果的绝对偏差不得超过算术平均值的 5%。

$$X_2 = \frac{m_3}{m_1} \times 100 \quad\cdots\cdots\cdots\cdots\cdots\cdots\cdots\cdots\cdots\cdots\cdots\cdots\cdots\cdots\cdots\cdots\cdots\quad (2)$$

式中：

X_2——试样中复水后干重率的数值，单位为百分号（%）；

m_1——试样质量的数值，单位为克（g）；

m_3——试样干燥后质量的数值，单位为克（g）。

5.8　水溶性总糖

取按 5.5 复水后的浸泡液，按 GB 31602 的规定执行。

5.9　安全指标

取按 5.5 复水后的试样，按 GB 31602 的规定执行。

5.10　净含量

按 JJF 1070 的规定执行。

6　检验规则

6.1　组批规则

在原料及生产条件基本相同的情况下，同一天或同一班组生产的产品为一批。按批号抽样。

6.2　抽样方法

按 GB/T 30891 的规定执行。

6.3　检验分类

6.3.1　出厂检验

每批产品应进行出厂检验。出厂检验由生产单位质量检验部门执行，检验项目为感官、水分、氯化物、复水后干重率、净含量。检验合格后，签发检验合格证，产品凭检验合格证入库或出厂。

6.3.2　型式检验

有下列情况之一时应进行型式检验，检验项目为本文件中规定的全部项目：

a） 停产 6 个月以上，恢复生产时；

b） 原料产地变化或改变生产工艺，可能影响产品质量时；

c） 国家行政主管机构提出进行型式检验要求时；

d） 出厂检验与上次型式检验有较大差异时；

e） 正常生产时，每年至少 2 次的周期性检验；

f） 对质量有争议，需要仲裁时。

6.4 判定规则

所有指标全部符合本文件的规定时，则判该批产品合格。

7 标签、标志、包装、运输、储存

7.1 标签、标志

7.1.1 预包装产品的标签应符合 GB 7718 的规定，并注明原料品种、食用方法。

7.1.2 预包装产品的营养标签应符合 GB 28050 的规定。

7.1.3 包装储运图示标志应符合 GB/T 191 的规定。

7.2 包装

7.2.1 包装材料

包装材料应洁净、坚固、无毒、无异味，并应符合相关食品安全标准的规定。

7.2.2 包装要求

产品应密封包装后装入纸箱。箱中产品要排列整齐，并有产品合格证。包装应牢固、防潮、不易破损。

7.3 运输

运输工具应清洁、卫生、无异味。运输中，防止受潮、日晒、虫害、有害物质的污染，不应靠近或接触腐蚀性物质，不应与气味浓郁物品混运。

7.4 储存

7.4.1 产品应储存于干燥、清洁、阴凉处，防止受潮、日晒、虫害、有毒有害物质的污染和其他损害。

7.4.2 不同品种、规格、等级、批次的产品应分垛存放，标识清楚，并与墙壁、地面、天花板保持适当的距离，堆放高度以纸箱受压不变形为宜。

附录3　全国水产标准化技术委员会水产品加工分技术委员会暨全国食品工业标准化技术委员会水产品加工分技术委员会

　　全国水产标准化技术委员会水产品加工分技术委员会（SAC TC156/SC3，以下简称水产品加工分技委）也是全国食品工业标准化技术委员会水产品加工分技术委员会（SAC TC64/SC1，以下简称食标委加工分技委），宗旨是以农业科技创新为基本点，以促进渔业可持续发展、保障水产品质量安全、增强水产品市场竞争力为重点，促进我国水产品加工标准化工作的深入落实。水产品加工分技委秘书处设在中国水产科学研究院黄海水产研究所，自20世纪80年代成立以来，承担了水产品加工的相关国家、行业标准的制修订培训、指导、初审、会审、报批等环节的审查、管理工作，以及标准宣贯、国际标准跟踪、官方评议、体系建设等工作。秘书处归口管理的标准共182项、国家标准50项、行业标准132项，涵盖基础标准、检测方法、操作规范、鲜活冻水产品、淡盐干制水产品、干熟水产品、水产调味品、鱼糜制品、预制水产品、化工产品、鱼粉及鱼油等标准，已基本形成了一个多层次、多学科交叉的标准体系架构。

　　代表性成果：揭示了海参加工工艺与质量参数的相关性，突破了干海参外源性总糖和复水后干重率的检测技术，确立质量控制与等级划分的关键参数，优化加工工艺。发布了《即食海参》（SC/T 3308）、《盐渍海参》（SC/T 3215）、《速食干海参》（SC/T 3307）、《干海参等级规格》（GB/T 34747）、《干海参加工技术规范》（SC/T 3050）等11项海参加工国家及行业标准，其中《食品安全国家标准 干海参》（GB 31602）作为全国首个且唯一一个水产领域的食品安全国家标准，在全国范围内有力地打击了掺糖干海参，示范和应用效果显著，荣获国家科技进步奖二等奖、山东省科技进步一等奖、青岛市科技进步一等奖、国家海洋局海洋科学技术二等奖等奖励。

附录4 国家海参加工技术研发分中心（青岛）

国家海参加工技术研发分中心（青岛）（简称海参加工分中心）成立于2009年，是我国在海参加工领域原始创新、成果转化和技术推广的核心机构之一。海参加工分中心以全面提升我国海参加工产业的技术水平和产品质量、培育海参加工龙头企业和知名品牌、促进我国海参产业健康可持续发展为目标，致力于海参传统加工工艺创新、精深加工产品研发、海参资源高值化综合利用、海参产品质量标准以及可追溯体系和信息化平台建设等，为我国海参产业高质量发展提供科技支撑。

海参加工分中心成立以来，承担国家级、省部级课题21项，发表学术论文200余篇，申请专利22项，获授权专利16项，参与制修订国家/行业标准9项，获各级奖励4项，转化技术12项，研发新产品10余个。多项技术成果处于国内领先水平，代表性技术包括：4 h速发干海参加工技术、海参花高质化加工与功效强化技术、海参地理产地鉴别技术、海参产品质量品质快速评定技术等。

国家海参加工技术研发分中心（青岛）

附录5　中国水产科学研究院黄海水产研究所海参全产业链关键技术研发与技术推广团队

中国水产科学研究院黄海水产研究所海参全产业链关键技术研发与技术推广团队成立于2004年，针对良种覆盖率低、病害频发、产品质量参差不齐等瓶颈问题，围绕"良种育繁-营养加工-质量安全"关键技术开展研究，为创新驱动乡村振兴做出突出贡献。

（1）发挥海洋产业优势，锻造刺参种业发展的"芯片"

选育出我国首个抗病刺参新品种"参优1号"和3个新品系，研发出高效制种、多模式大规格苗种培育、生态适应性评价等配套技术，主导建成了刺参良种育繁推一体化技术体系，"参优1号"入选全国重点推广水产养殖品种。实施蓝梦科技入户工程，帮助养殖户增收致富，助力国家和省级良种场10家，普及养殖户500余家，培训产业技术人员2万余人。支撑获批首个海参国家级良种场、中国水产种业育繁推一体化优势企业、全国种业阵型企业等国家级种业平台，助力打造蓝色种业新高地。

（2）推动产业绿色高质量发展，构建刺参生态养殖技术体系的"根基"

构建池塘高效设施化养殖系统，提升工厂化、吊笼和网箱养殖模式产出效能；率先完成养殖刺参流行病学、病原病理学和病原传播途径分析，发现命名20余种病害种类；创制病原快检技术、复方中草药、微生态制剂、新型饲料、冷水礁、蓄冷降温装置等20余种绿色革新产品，集成建立了刺参病害生态防控与高效养殖技术体系，"池塘养殖刺参高温灾害综合防御技术"和"刺参陆基池塘设施化高效养殖技术"入选全国农业主推技术，有力推动刺参传统养殖向现代高效养殖产业的转型升级。

（3）建立体系化的国家标准，成为规范刺参市场秩序的"依据"

攻克了干海参快速复水、肠卵高值化利用等关键技术，开发出免煮速发型干海参、鲜食Q参、海参花等系列产品；率先提出并确立了产品质控与等级划分的关键指标及其参数，建立了海参全产业链可追溯互联互通标准体系。制定了《食品安全国家标准 干海参》等国家和行业标准12项（占我国目前海参标准的80%），成为规范海参市场的重要依据。

（4）支撑国家创新平台，打造创新驱动产业振兴发展的"引擎"

技术支撑建成国家海洋渔业生物种质资源库、国家级刺参原良种场、国家海参加工技术研发中心（青岛）等国家级平台9个，刺参良种及配套技术推广覆盖全国，示范面积达1.33万hm^2，技术服务企业40余家，形成30余条标准化生产线，研发加工产品20余种，累计产生经济效益约281亿元。

中国水产科学研究院黄海水产研究所海参全产业链关键技术研发与技术推广团队

附录6　大连棒棰岛海产股份有限公司

大连棒棰岛海产股份有限公司成立于2009年，是我国较早从事海参工业化、规模化生产的企业。主营海产品养殖、收购、加工、销售等，注册资本6 700万元。公司旗下拥有大连棒棰岛海参发展有限公司、大连棒棰岛海洋生物工程有限公司等全资子公司。经多年发展，构建起了集刺参原种保护、苗种繁育、底播增殖、精深加工、科研开发和市场营销于一体的完整产业链。

大连棒棰岛海产股份有限公司是农业产业化国家重点龙头企业，建设和管理着我国首个国家级刺参原种场和刺参水产种质资源场。育苗增养殖基地占地面积超8万 m^2，建有渔业科研码头1座。自有海域1 000 hm^2，其中，刺参原种保护核心区333.33 hm^2，原种增殖区666.67 hm^2。陆地保种育苗场1.5 m^3。通过科学保护，原种保护核心区刺参种群数量由建场初期的25万头增加至100多万头，为我国刺参产业可持续发展奠定了种源基础。

棒棰岛海参加工基地占地2 m^2，建筑面积3.5万 m^2。通过设备引进和技术改造，企业的核心竞争力不断增强，形成了年加工鲜活海参1 500万kg的生产能力。公司现有产品类型：一是淡干海参、速发海参、冷冻海参等传统海参产品；二是佛跳墙、全家福、小米辽参等家宴类工业化菜品；三是海参胶囊保健食品。主要销售渠道：一是公司直营的旗舰店和商超，如在大连商场、沃尔玛等大型商超共开设50余个直营专柜；二是电商和电视购物，如公司在天猫、京东、抖音、小红书等平台开设旗舰店并进入其自营系统。三是山姆会员商店、麦德龙等渠道，如目前山姆在全国有近50家门店，棒棰岛是山姆自有品牌MM辽参的独家供应商；四是经销商网络，如在东北地区、北京、上海、深圳及内陆主要城市拥有经销商200余家，通过专卖店实现销售和服务。

棒棰岛海参以其优良的品质、负责任的企业形象赢得了消费者的广泛认可和赞誉。自2003年，棒棰岛海参相继通过了绿色食品、有机食品认证；2006年，率先获准使用"大连海参"地理标志保护产品标志；2007年，"棒棰岛"被认定为中国驰名商标；2011年，成为首家获准使用"辽参"地理标志证明商标的公司；2015年，公司被评为辽宁省诚信示范企业；2017年，通过了英国零售商协会（BRC）食品安全国际认证；2019年，公司旗下加工厂、养殖场、育苗场分别通过了全球水产养殖联盟（GAA）的严格审核，成为全球首家获得4星BAP（最佳水产养殖规范）认证的海参企业；2020年，棒棰岛海参产品通过NSF A级海参认证；2022年，棒棰岛被评为"全国有机农产品基地""国家级生态农场"和"全国科普教育基地"；2023年，公司获评辽宁省瞪羚企业、省级企业技术中心。同年，"棒棰岛"入选中国农业品牌目录2022农产品品牌，棒棰岛海参取得"生态原产地保护产品"认证。

海参底播增殖

海参原种

海参前处理

淡干海参

国家级大连刺参原种场

附录7　青岛海盛和食品有限公司

青岛海盛和食品有限公司（简称海盛和）成立于2017年，集海产品研发、加工生产、销售服务于一体，总部位于青岛市。青岛地处黄海之滨，拥有丰富的海洋生物资源，这里被誉为"东方瑞士"，不仅是海产品圣地，也是世界海鲜的港口。

海盛和食品有限公司商标

海盛和围绕"打造海产干货滋补品第一品牌"的战略目标，不断优化整合资源，建立了稳定的海产干货供应链，确保原材料的质量和供应稳定性。公司与科研院所深度合作，深耕海产品滋补功效研究与产品开发，引入现代食品加工技术，针对不同消费群体开发系列海产干货滋补品，并定期对产品进行更新迭代，以满足市场消费新需求。

海盛和海参产品

为了充分保留海参的营养物质，海盛和坚持采用传统的人工捕捞方式，确保每一只海参都是大自然的新鲜馈赠。精选出来的优质海参，在科学方法指导下，经过严格的清洗、蒸煮、干燥等工序，打造出味道鲜美、营养丰富、方便快捷的海盛和海参产品。

海盛和与中国水产科学研究院黄海水产研究所共同成立"海参加工与质量标准联合研发中心"，在海参加工技术、营养功效研究与产品研发以及质量标准等方面取得系列开拓性成果，为品牌建设提供了强力支撑。

海盛和原料海参生长在北纬39度核心海域，是世界公认的海参最佳生长地，这里冬无严寒、夏无酷暑，水体干净无污染。公司依托天然海洋牧场，充分发挥自然养护和资源增殖的优势，海参产品天然安全、营养高质。

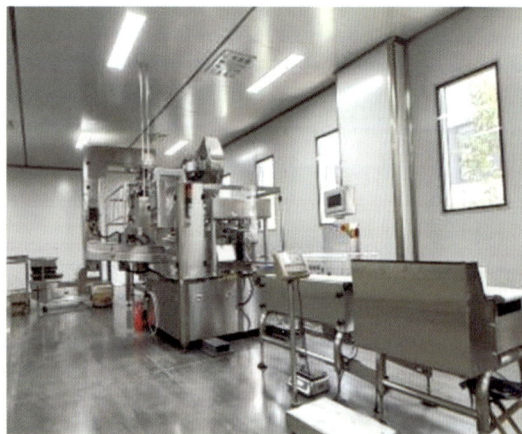

海参生产加工车间

青岛海盛和食品有限公司
中国水产科学研究院黄海水产研究所

海参加工与质量标准联合研发中心
Joint R&D Center for Holothurian Processing and Quality Standards

二〇二三年三月

海参加工与质量标准联合研发中心

公司位于海参核心产区的海洋牧场

取得成绩

国家标准《干海参等级规格》（GB/T 34747）参与起草单位。

携手北京京东世纪贸易有限公司，共同制定国内首个以京东平台为主导，科研机构、行业协会、龙头企业共同参与的海参产品的平台标准《京东好海参 干海参》。此标准于2023年3月22日发布试运行，对海参产业和电商平台健康发展起到积极引领和推动作用。

获得《中国有机产品》认证。

通过中国渔业协会海参产业分会"中华好海参"认证，被行业高度认可。

获得国家级"国家合格评定质量达标放心产品""青岛十佳水产加工品牌""第十届中国国际农产品交易会金奖"等荣誉称号。

地　　址：山东省青岛市崂山区国际创新园G座

热线电话：400-867-3577

邮　　箱：admin@hshhs.com.cn

服务时间：周一至周日　09:00—17:30

附录8　辽参经营管理（大连）集团有限公司

　　辽参经营管理（大连）集团有限公司（简称辽参集团）成立于2020年，注册资金人民币壹亿元，公司位于辽参原产地核心主产区瓦房店市谢屯镇，园区占地面积40 000 m²，建筑面积30 000余 m²。主要承建企业是瓦房店国家现代农业产业园（海参产业园），是目前国内单体最大的海参产业园区。其加工能力全国领先，能够实现日加工鲜活海参35万kg、即食海参1.75万kg等。园区内配套设施完善，建有大型冷库（4 000m²）、检验检测中心、预制菜研发中心、苗种培育研发中心、直播销售中心、物流配货中心等。

辽参集团公司园区

　　公司业务涉及辽参全产业链，主要开展标准化海参精深加工、海产品预制菜研发与销售、海参代加工（产品定制）、冷冻仓储、海参批发交易、海产品检验检测、辽参（刺参）原产地的土著原种保种培育、生态无公害养殖、辽参科研和技术服务培训、物流冷链运输等业务。

　　辽参集团围绕大连海参不断拓展对大健康产品的开发引入，搭建滋补品研发销售新平台，以满足人们对美好生活、健康生活日益增长的需求。目前，辽参集团旗下有海参全品类产品、高端燕窝、精品海鲜礼盒等产品，并拥有海参领域千万级价值的"壹岛"商标，高擎"辽参源头，产地之首"行业大旗的"源参缘"商标，以及"帝王码头""掌燕"等品牌。

辽参集团海参产品

　　辽参集团将致力于传承发掘辽参文化，实现辽参价值回归；打造强势辽参品牌，制定辽参标准，规范全国千亿级海参市场；以推动"辽参复兴"，引领中国海参产业高质量增长。

辽参地理标志
证明商标

中华好海参

中国辽参故乡

辽参标准化
加工基地

国家现代海参产业园
核心企业

瓦房店海参
指定加工基地

辽参精深加工技术
研发中心

联合检验检测中心

辽参仓单质押贷款
监管库

邮政快递
辽参物流中心

顺丰快递
辽参物流中心

有机牌匾

辽参集团已有商标

　　在国家现代农业产业园的建设推动下，辽参集团凭借科学的管理、完善的服务、先进的技术、创新的理念，打造卓越地域品牌，彰显辽参原产地"瓦房店海参"的独特品质。未来公司将以市场为导向、以品质为龙头、以科研创新为支撑，不断开拓进取，引领海参产业绿色生态可持续发展。